お金を持ち続けられる人になるための

「自分資産化計画」

園原夫婦株式会社 取締役
園原新矢

CROSSMEDIA PUBLISHING

はじめに
あなたはいつも「誰か」のために働いている

はじめまして、園原新矢と申します。

突然ですが、あなたにお聞きしたいことがあります。

「あなたの野望は何ですか？」

あなたにはきっと、大小様々な野望（夢）があると思います。

ですが、実際にはどうでしょう？

このままでは、

「リストラされるかもしれない」

「年収が下がって住宅ローンが払えないかもしれない」

「家族の生活費や、子供の養育費を捻出できるだろうか？」

「老後資金を２０００万円以上貯めなければならない」

毎日このようなお金の不安に駆られて、いつもあなたは「自分のしたいこと」を後回しにしていませんか？　パートナーのため、子供のため、親のため、上司のため、部下のため、会社のため……

いつもあなたは「誰か」のために働いています。

そこにどれだけ「あなたのため」に働いている分があるでしょうか。

私も働き始めた頃は全く同じでした。

いつしかそれらが当たり前だと思って無意識に働き続けるループ。

でも本当は？

自分の胸に手を当てて、自分の本当の声を聞いてあげてください。ずっと前に仕舞い込んだ、叶えたい「小さな野望の数々」が声をあげてきませんか？　そして、それをあなたはいつも押し込めます。

今はまだ自分の番ではないし、お金も十分ではないからと。

そうやって働き続け、一生自分の番が来ないままこの世を去った方たちを私はたくさん見てきました。稼ぐことに躍起になって、働きすぎて若いうちに亡くなってしまった先輩や友人、お客様。定年まで勤め上げ、「いざ自分のために生きるぞ！」と思った矢先に不幸があったり、体が思うように動かなくなったりした方。

「本当の幸せとは何なのか？」

数々の無念を間近で見たことによって、「幸せに生きることの定義」が大きく揺らいだことを今でも思い出します。誰かのために生きることは素晴らしいことですが、それでは他ならぬ「あなた」が犠牲になってしまいます。「あなたの人生なのに」です。

本当に誰かのために生きるというのは「自分を満たしたうえで自然に溢《あふ》れ出た思いから周囲を助けていくもの」だと私は考えています。

自分を大切にできない人が、本当に自分の周囲の人を大切にできるのでしょうか。

「いい人と思われたい」

「嫌われたくない」

「認められたい」

「依存したい」

「理解してほしい」

本当はこんな無意識の感情から無理に誰かのために生きてはいないでしょうか？

そういった欲求のために自分の人生を捧げる必要はありません。

今日はそんな建前をすべて脱ぎ去って、あなたが自分らしい人生を送るために必要な「仕組みづくり」についてお伝えします。

ありがたいことに私は現在、自分の小さな野望をいくつも叶え、そのうえで自分の大切な人のために生きることができています。もちろんビジネスでの成功や投資をしてうまくいった結果として今があるわけですが、最初の頃はもう酷いものでした。

私がお金や投資に興味を持ったのは16歳の頃です。

その頃からお金の不安を解決するために「耳寄りな投資話」をいつも探していました。そして、色々な投資に手を出しては失敗し、ことごとくお金を失ってきました。

中には父親に借金をさせてまで投資した案件もあります。それが失敗して数千万単位でお金を失い、一時は自殺を考えるまで落ち込んだこともありました。

ですが、その時の父親の言葉によって救われ、「何のためにお金持ちになりたいのか」を改めて考える機会を得て、人生は大きく変わっていきました。

しかし、本当の意味でお金に悩まされなくなり、誰かのために生きることができるようになり始めたのは、それから10年後の26歳になった頃でした。

それまでの私はお金の亡者のようにお金ですべてを解決できると思い上がっていた人間でしたが、ある意味そこまで踏み込んだからこそお金で解決できない現実があることも理解できたと思っています。

その後も今に至るまで「お金に不安を抱える人の問題解決」をテーマに事業を継続していますが、20年以上様々な投資を自身で行ってきたからこそ確信が持てたことがひとつあります。

それは、耳寄りな投資話や流行りの案件にお金を投げるよりも先に「お金を持ち続けられる人」になることへ投資すべきであるということです。

私はずっと不思議に思っていました。

暗号資産（仮想通貨）で億り人になった人がしばらくするとまた借金まみれになっていたり、株式投資や事業で一時大きな利益をあげたかと思うと、すぐに失ったり……。

お金を稼いだり、増やしたりすることができる人はいるのに、なぜそれらを「維持する」ことができないのだろうか。人生は長いのに「お金を持ち続けることができない人」がここまで多いのは何故なのだろうかと。

その答えは意外にも単純なものでした。

お金を稼いだり増やしたりする手段は何となく知っていても「お金を持ち続けるための技術や心構え」というものは今まで誰も教えてくれなかったのです。

私が20年以上投資をし続けて学んだことは、「どれだけ稼ぐか？　どれだけ増やせるか？」よりも**「どれだけお金を持ち続けられるか？」という能力に投資すること**のほうが長い人生において非常に優位性が高いという事実でした。

そして、この投資法の嬉しいところは損することがない、負けることがないという点です。自分への投資はいつだって最高のリターンを出してくれます。

今は自分で運用をするよりもインデックス投資など誰かにお任せする投資法が中心の時代かもしれません。

確かに、そういったものに投資をお任せできれば楽ですし、自分の時間も増えるでしょう。しかし、それらがずっとプラスで回り続ける保証はどこにもありません。

「もしも、その投資が上手くいかなかったら？」

誰かに自分のお金を預けて最後まで儲かっていればそれでいいのかもしれませんが、仮に逆のことが起きた時、その怒りや無念の矛先はどこに向かうのでしょうか。

少なくとも私は、誰かに運用してもらっている間にお金の不安が解消されたという経験をすることはありませんでした。

私の場合は、自分自身で納得して運用した分だけ経験として積み上がり、不安が自信に変化していきました。多くの人にとって大切なのはどれだけたくさん稼ぐか？　どれだけ増やすか？　ではなく、漠然としたお金の不安を取り除くことでしょう。

つまり、重要なことは「何に」投資するか？　ではありません。

どんな投資をしても「お金を持ち続けることのできる人間になる」ことこそが、私たちの漠然としたお金の不安を解消してくれるのです。

私たちを取り巻くお金に関する問題は、今後も時代と共に変化し続けていくでしょう。

特にこれからは年収が高いかどうかではなく、自分の人生の時間をどれだけ自由に使えるかが重視される時代になるはずです。

ベーシックインカムという考えも広がってきています。その是非はともかく、つまるところ自分が生活していけるだけの毎月のお金＝「キャッシュフロー」をつくることさえできればある程度の問題は解決するということです。

これは事実です。しかし、これが難しい。そう多くの方は思い込んで生きています。

実は毎月20〜50万円のキャッシュフローをつくるだけなら、ただの作業の積み重ねであり、それほど難しいことではありません。

それよりも「それらの仕組みを築き上げるための自分になるまで」が難しいのです。

誰でも食事を抑え、適度な運動をし、それらを継続することができれば「痩せる」ことができるという理屈は知っています。しかし多くの方が達成できず、挫折し、「すぐに痩せる薬」を求めて永遠に彷徨《さまよ》い続けてしまいます。

つまり「自由になる理屈」はすぐに理解できるし行動すればいいとわかったとしても、それらを継続して達成することのできる自分になるまでが大変なのです。

ではどうすれば私たちの野望は叶うのでしょうか？

本書ではあなたを「**お金を持ち続けられる人**」になるまで導いていこうと思います。

これからお伝えする内容を実践することで、あなたは自分の小さな野望を好きなだけ叶え、自分だけでなく、あなたの周りの人を幸せにできる人生を手に入れることができるでしょう。

では本書を読み進めてください。

あなたが本当にやりたいことができる人生を手に入れるために。

園原　新矢

お金を持ち続けられる人になるための「自分資産化計画」

目次

第3章 あなたの現在地を確認する

第4章 最強の投資は自己投資

第5章 自分をコントロールできた人たちのサクセスストーリー

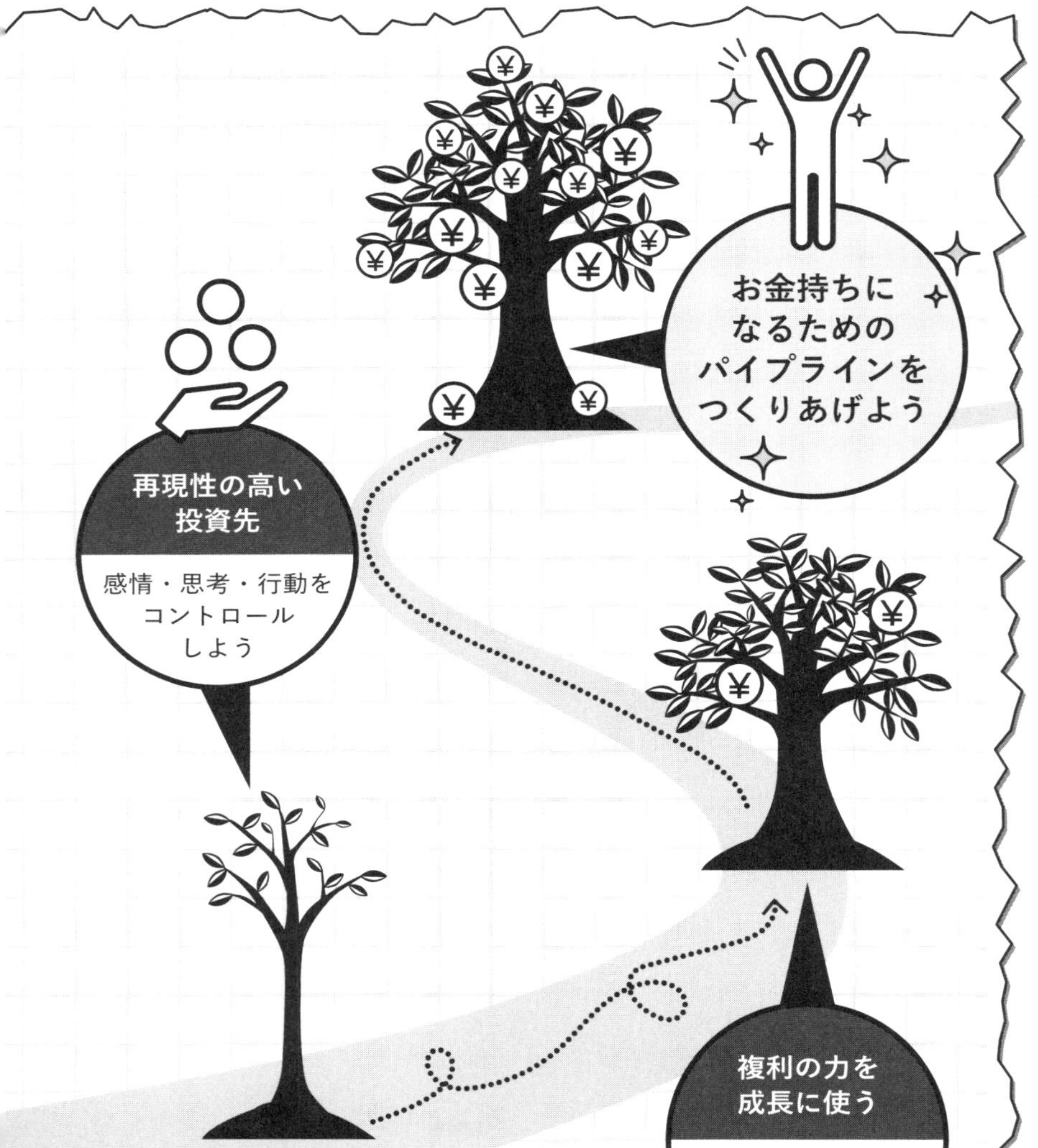
再現性の高い
投資先
感情・思考・行動を
コントロール
しよう
お金持ちに
なるための
パイプラインを
つくりあげよう
複利の力を
成長に使う
昨日の自分は
もういない

自分資産化計画ロードマップ

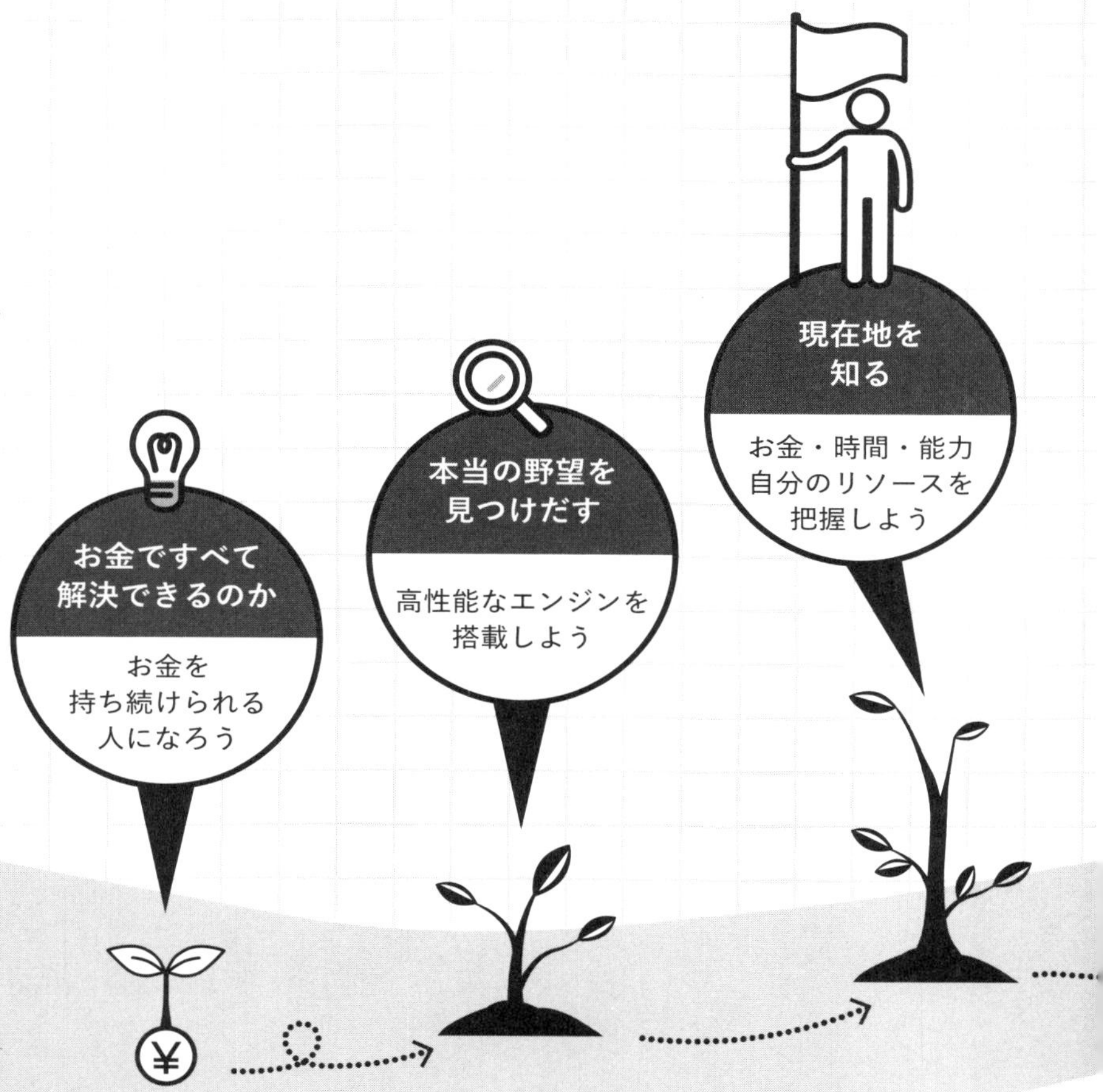

第1章

お金さえあれば、あなたの抱える問題は解決するのか？

1

「お金の問題」があなたのストレスを和らげている

あなたが自由な生活を手に入れるために必要な第一歩は、「お金」について深く考えることです。まず、お金があなたの人生に与える影響についてじっくりと考察していきましょう。

そもそもお金とは、一体何なのでしょうか？

頑張って稼ぐもの。
貯めておくと安心するもの。
使うと減るもの。
人生を豊かに便利にしてくれるもの。
守るべきもの。
争いの種となるもの……。

考えれば考えるほどわからなくなりますね。

一般的には「価値を保存」し、欲しいものやサービスと「交換」でき、「価値を判断する尺度」になるという機能を備えているものであるといわれます。現代の私たちにはなくてはならないものです。

つまり、お金とは、自分の欲求を叶えてくれる便利な道具なのです。

しかし、よくよく考えればお札はただの紙切れです。

それに価値を感じるのは、何かしらのあなたの「感情」が満たされるからです。お金と感情が強く結びついているからこそ、私たちは条件反射のように「お金を手に入れなくては！」と感じて行動してしまいます。まさにお金を稼ぐということは、パブロフの犬のように「お金さえあればすべての問題は解決する」と無条件で反応するよう躾《しつ》けられてしまったともいえます。

ですが、お金さえあれば私たちが抱える問題はすべて解決するのでしょうか？

実は私たちの「本当の問題」はお金がどれだけあったとしても解決しません。

なぜなのでしょうか？

そもそも私たちが不安に感じたり悩んだりしてしまう、最も解決したい問題のすべてが

「人間関係」に起因するものだからです。

このことは心理学者アドラーも提唱しています。

とはいえ、最初のうちは私も腑に落ちませんでした。

「いやいや、私は人間関係以外のことでも悩んでいるよ」と。

しかしながら、今や私も本当に解決したい問題は突き詰めると人間関係以外にないのだと確信しています。

私たちは、本当の問題に向き合うのが非常に面倒なのです。

そのため、日頃から無意識で本当の問題を「お金の問題」にすり替えているのです。

例えば子供の教育方針の違いで揉めたら、面倒になって「そんなにお金はないから私立ではなく公立にしよう」と結論づけたり。親戚付き合いが面倒だと思ったら、「お金に余裕がないからお正月は帰らない」と言ったり。パートナーが何か新しいことを始めようとしたら不安感や孤独感を覚え、「そんな無駄なことにお金を使って」と喧嘩になったり。

口ではお金の問題だと言っていてもそれは隠れ蓑《みの》で、本当は家族間で話し合うべき問題であったりパートナー間の問題だったりします。

ですが、家族と向き合って話し合うことは非常に面倒なので、自然と「お金の問題」に仕立て上げてしまうのです。「お金がないから仕方ない」と言えば皆共感し、納得してくれるのでこれ以上に楽な言い訳はありません。

もし本当にお金の問題が解決しないと死んでしまうほどのものであれば、もっと必死でがむしゃらに取り組むはずです。ところが、生活保護の整備がされている日本においては、滅多なことでは死にません。不平や不満を撒き散らし、お金がないから自分は貧しいと「お金のせい」にして生きるほうが楽なのだと無意識で選択しているのです。

つまり、**多くの人間は「あえてお金の問題を抱えることで、本当の問題について頭を抱えるストレスを解消している」**と言ってもいいかもしれません。

人は「痛みを避けて快楽を得たい」と思うようにプログラムされているのですから、このような思考回路になることは当然のことといえば当然です。

難解なアドラーの考えを本当の意味で理解するためには、自分が生きてきた人生の半分ほどの時間が必要といわれています。確かに頭で理解することはできたとしても、本当の意味で腑に落とすまでにはそれぐらいの時間が必要かもしれません。

一方で、お金があれば「衣食住」など8割ほどの問題は解決してしまうのも事実です。

ただ、どれだけお金があっても愛や友情は買えないと皆知っているように、自分にとって本当に大事な問題はいくらお金があろうと解決しないというだけです。

ですから、お金を追い求めているだけの人生ではいつまで経っても本当の問題を解決しようと行動することはありません。たとえ、お金持ちや成功者のように見える人であっても、満たされずに不安や悩みを抱え込んでいる方は案外多いものです。そのような人たちはいくらお金を得たとしても解決したい問題が一向に解決されないので、その襲いくる無価値感によってより一層お金に固執したり、幸せだと思えなかったりするのかもしれません。

ここまでの内容を整理してみましょう。

お金について考えるうえで、まず「私たちの本当の幸福や問題解決に関してお金は必ずしも必要ではない」という認識を持つこと。この考えを持つことでお金によって人生を振り回されることは少なくなると私は思っています。そして、それらを理解したうえでお金で解決できる8割の問題を早期に解決するためにお金について学ぶのだと考えてください。「本当の問題に着手するためにお金について学ぶ」という認識があれば、お金を稼ぎ続けるマネーゲームからあなたは解放されていくでしょう。

2

「お金を持ち続けられる人」とは？

「本当の問題に着手するためにお金について学ぶ」という認識を持っていただいたうえで本題に入っていきましょう。

そもそも「お金を持ち続けられる人」というのはどのような人のことをいうのでしょうか？

お金を「稼ぐ」「増やす」と聞くとイメージが湧きますが、「持ち続けられる」と聞いてもイマイチ理解できないという方は多いかと思います。「お金を持ち続けられる人」を理解するために、２つの図（次ページ）を用意しました。

これらは「損益計算書（収入と支出）」と「貸借対照表（資産と負債）」というものを簡易的に表示し、「お金の流れ（キャッシュフロー）」を図で説明したものです（資産と負債については第3章で詳しく取り上げます）。

意識していないとお金の流れというのは目に見えないものです。

この図では「中流の人」と「お金を持ち続けられる人」の２パターンのお金の流れを可視

化できるよう矢印で表しました。

図に描かれた矢印を見ると、違うお金の流れであることがわかるかと思います。

ここで注目していただきたい大事なことは「お金の流れ方」がそれぞれ違うという一点だけです。お金で困っている人は「中流の人」で、彼らのお金は一方通行に流れ出ていることに気づきます。それに対して「お金を持ち続けられる人」のお金の流れはどうでしょうか？　ずっと円を描くように「循環」して回り続けています。

「お金を持ち続けられる人」は、毎月の生活費以上に使い切れないお金が資産から入ってくるので、また資産を買います。そして翌月、新たに買った資産からチャリン

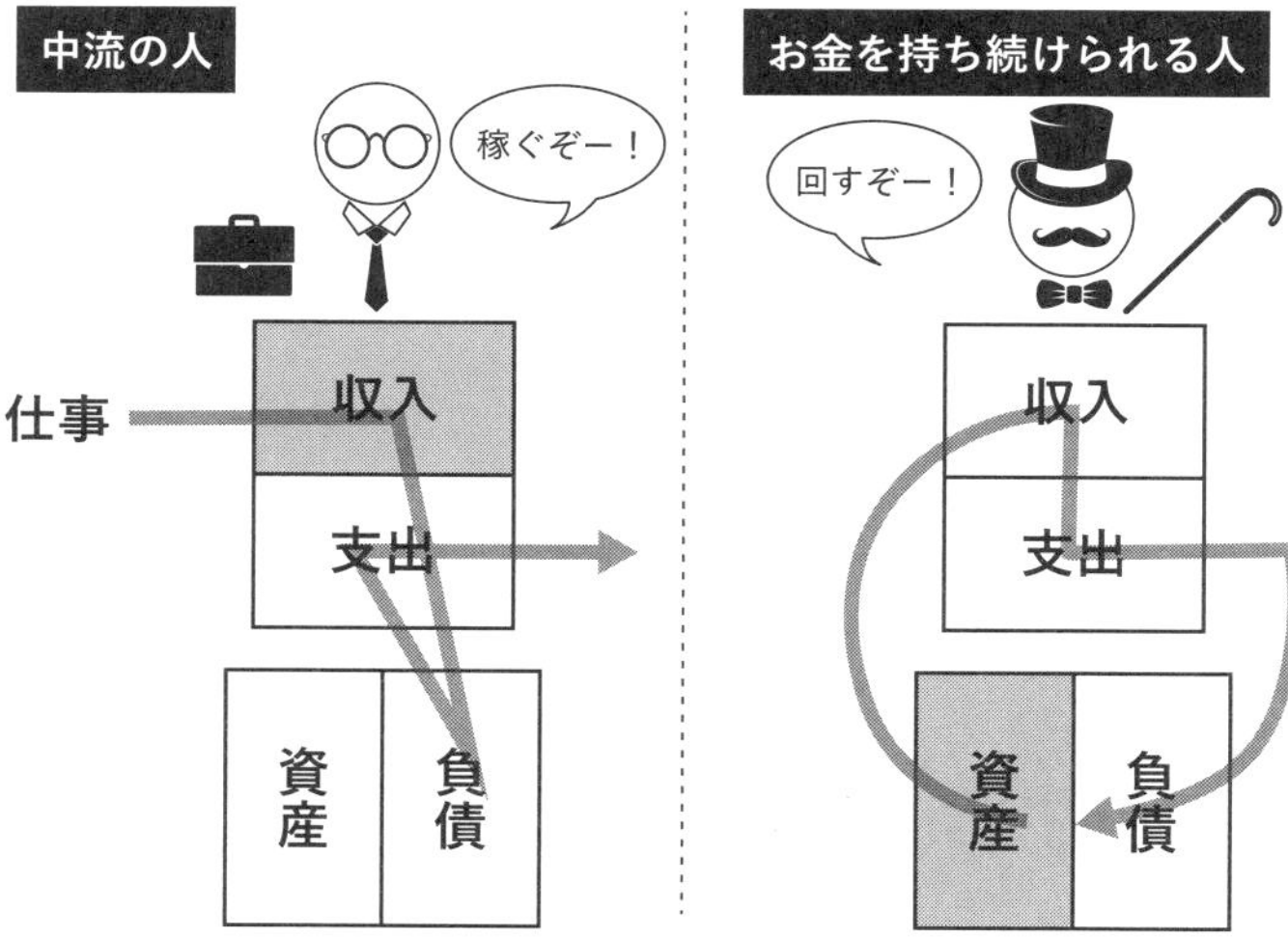

チャリンとさらにお金が入ってきます。そう、彼らは**自分の経済状況を適切に管理し、お金を回し続ける**ことが非常に得意なのです。

「中流の人」はお金を消費するために日々「お金を稼ぐ」ことに躍起になっていますが、「お金を持ち続けられる人」は日々「お金を回し続ける」ために頭を使っています。

この「お金を稼ぐ人」と「お金を回し続ける人」のキャッシュフローの違いが、お金持ちとそうでない人の違いなのです。

お金持ちはお金を持ち続けるために、自分が働かなくても毎月の収入を生む、いわゆる「不労所得」を生み出す「資産（ビジネス・不動産・株式など）」を保有しようと行動しています。

彼らは資産をたくさん集めているので「資産家」とも呼ばれるわけですね。

多くの人は「お金を手に入れたい」と願うばかりで「稼ぎ方」にしか目が行きません。

そのため、医者や弁護士、パイロット、一部上場会社の役員など年収の高い職業に就くために必死に勉強して社会人となります。彼らを成功者やお金持ちと呼ぶこともありますが、彼らはあくまで所得をたくさん稼ぐ「高給取り」なのであって、お金持ちではありません。

お金持ちは「資産家」とは呼ばれますが、「所得家」とは呼ばれませんよね？

ですから、ここで皆さんには「お金持ちのイメージ」というものを一新していただきたいと思っています。きっと本書を読んでくださっている方も「お金持ち」といえば、お金をたくさん稼いでいたり、高級車を持っていたり、豪華な家を持っていたりする人をイメージしていたのではないでしょうか。

ですが**「お金を持ち続けられる能力の高い人＝お金持ち」であって、職業などに左右されるものではありません。**

極端にいえば、主婦（夫）や学生であっても「お金持ち」にはなれるということです。

ほとんどの人は「思い込み（バイアス）」によって、自分はお金持ちにはなれないと思っていますが、実はお金持ちとは前述のような状態の人を指すのであって誰か特別な人だけしかなれないものではありません。

プロのスポーツ選手や芸に秀でた世界を目指すのであれば、生半可な努力では到底辿り着けず、ほんのひと握りの人しかなれません。しかし、「お金を持ち続けられる人」になるだけであれば、誰でも数年で達成することが可能です。

お金の不安を解決し自由な時間ができた時、あなたは一体何をしたいですか？

3

お金自体ではなく、お金の流れ「パイプライン」を手に入れる

さて、お金を得ようとするのであれば稼ぎ方を学べばいいわけですが、ここまでお読みいただいた皆さんであれば「お金それ自体」を得たとしても人生はあまり変わらないということがわかってきたかと思います。

そう、大切なのは「お金」を手に入れるために一生懸命稼ぐのではなく、**「お金の流れ」を手に入れるために必死で「パイプライン」のつくり方を学びはじめる必要がある**ということです。

では、パイプラインとは何でしょうか？

これを説明するのに有名なお話があります。

水に困っているある村がありました。村から湖までは片道1時間以上あり、村人はバケツで水を運ぶしかありません。村に住む人々は毎日湖まで水を汲みにいくのは大変なので、

バケツで水を運んでくれる人から水を買い付けています。それを見ていたある若者が湖から村まで水を届けるためにパイプ（管）を開通させることを思いつきます。

しかし、村から湖までは距離も遠いうえに高さもあります。いくつもの山にトンネルを掘る必要があり、作業も数年かかると考えられました。そんな長期的な建設に莫大な時間と労力を割くなら、バケツで水を汲んで売ったほうがマシだと他の業者は笑います。

それでも、その若者は湖と村の間にパイプラインを建設するために行動しはじめました。まずは労働力を集めるために他の村にも働いてくれる人を探しに行き、パイプラインを建設するため必要な知識を学び、資金調達も行わなければなりませんでした。そんなことは達成できないと他の業者は日々バケツで水を汲み、仕事終わりに稼いだお金で酒を飲む暮らしを続けていました。

とうとう数年後にその若者は、湖と村の間にパイプラインを建設することに成功します。そしてその若者は村人にこう言いました。

「これからは水を相場の4分の1で販売します」と。

もうおわかりですね。

バケツ運びの業者は若者に対抗するため、いつもより多く村と湖を往復し、価格も4分の1以下にして必死に働きました。ですが稼げたお金はごくわずかなうえに、足を悪くしてしまい寝込むことになってしまいます。バケツで水を運んでいた業者に抗う術はありませんでした。蛇口をひねれば出るパイプラインからの水は、バケツ汲みの水と比べて価格も衛生面もよく、爆発的な人気が出ました。

その後、その若者はバケツで水を運んでいた業者も従業員として雇うことで一件落着となるお話です。

私はこの物語を読んだ時、パイプラインをつくることで明るい未来があると非常にワクワクしたものです。今は苦しくてもきっと将来は毎月チャリンチャリンと入ってくる不労所得を得る仕組みが得られるはずだと。そう信じて、私はおよそ10年かけてパイプラインを各方面でつくりあげました。今はそんな若い頃を感慨深く思っています。

ただ、もう今は10年もかかるような時代ではなく、数年ほどで自分だけのパイプラインをつくることができる時代です。しかし、ひとつだけ注意して欲しいことがあります。そこには多くの人が嵌ってしまう落とし穴があるのです。

　お金さえあれば、あなたの抱える問題は解決するのか?

4 パイプラインを飽きずにつくり続ける仕組みが必要

パイプラインという仕組みをつくることで、お金を持ち続けられる人生を送れることは理解できたかと思います。

しかし、実際にこれをつくり維持するためには並々ならぬ「継続力」が必要になってきます。多くの人がこういったパイプラインづくりを投資で行えばいいんだと飛びつき運用しはじめたものの、途中で飽きてしまったり、少しの損で諦めてしまったりします。

パイプラインをつくる作業自体はダイエットなどと同じで非常に単純明快なのですが、多くの人が「続けられない」という問題にぶち当たり、やめてしまいます。

つまり、この「飽きてしまう」「続けられない」「不安でやめてしまう」といった心の問題を解決するような「意思」と「仕組み」が必要なのです。それがなければどれほどすばらしい設計図や材料、資金があっても、全く意味を成しません。

パイプラインをつくる作業を**「どうやるか？」ではなく、それらを飽きることなく継続してやり続けられる人間に「どうやってなるか？」のほうが大切であると**いうことです。

ほとんどの人は「どうやるか？」という「手法」ばかりに目がいってしまいます。もちろん当初の私もそうでしたから気持ちは痛いほどわかります。

しかし、何でも叶えてくれる魔法の処方箋などありません。いつも「楽な方法」ばかりを探して、取り組み失敗し、「問題を解決できる人間になること」を先送りにしています。バケツで今日、明日の分の水を運んで目先のお金を稼ぐだけでは未来は一向に改善されません。

まずは、「自分の未来を変えるためにパイプラインをつくる！」という意志と、愚直にやり続けることができる仕組みを手に入れることが先決だと考えてください。

第 2 章

あなたの叶えたい野望は何か？

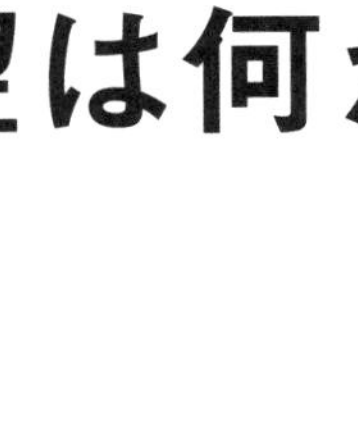

1

「自分の野望のために生きる」と決める

前章で述べた通り、パイプラインをつくりあげることさえできれば8割のお金の問題は解決します。ここまでは非常にシンプルです。

しかし多くの方はその作業を続けることができません。いくら先に「つくり方」を知ったとしても、それに取り組み続けられる人間になれなければパイプラインはいつまで経ってもできあがらないのです。

ここからは**パイプラインをつくる前に必要な「どうすれば作業を継続できる人間になれるのか」という秘密**に迫っていこうと思います。

人は機械ではないので「飽き」や「集中の限界」には勝てません。そのため、ひとつのことを継続してやり続けるという行為に非常に向かない生き物です。

だからこそひとつのことを愚直に極めた人がいわゆる成功者として称えられるわけですが、なぜ彼らはひとつのことを徹底してやり切る力に優れているのでしょうか？　何か特別な力や生まれ持っての才能、頭のよさなどが違いを生んでいるのでしょうか？

いいえ、そんなことはありません。

彼らはどうしても叶えたい「野望」を手に入れてしまっただけなのです。

何を言われても、お金を払っても、寝なくても、時間がかかっても、

なりたい！（be）
したい！（do）
欲しい！（have）

と思える明確な野望を見つけてしまったのです。

人は必ず「**欲**」を持って生きています。欲がなくなった瞬間に、私たちは生きる目的を失います。

わかりやすいところでいえば、「食欲」を失えば命は停止に向かうでしょう。

「性欲」を失えば子孫の繁栄はありません。「睡眠欲」を失えば精神や身体の機能不全を起こします。これらの基本の機能ですら「欲」に支えられています。

仮に、どれかを失ったとしても今の医療体制ならば生きていくことは可能かもしれませ

ん。しかし、それは「本当に生きている」といえるのでしょうか。

身体が生きるため備えている欲に従うのではなく、他人の期待や指示に合理的だからと従うわけでもない。自分の中に湧き上がり、誰に言われなくてもやりたくて仕方のない思い。そんな自分の意思を持って「やりたい、達成したい」と思える欲を成功する人は見つけているのです。

しかし、

「どう生きたいのかと聞かれてもわからない（ｂｅ）」

「何をしたいのか見つからない（ｄｏ）」

「何を手に入れたら本当に自分が満足するのかわからない（ｈａｖｅ）」

といった声もよく耳にします。

ですが、安心してください。

何か大それた志を掲げなくてはいけないわけではありません。あくまでも自分の手の届く範囲の野望で構いません。ただあなたは「自分がどんな野望を持っているのか」そのことに気づくことができていないだけなのです。

本当に欲がないのであれば、そもそも悩みや不安などあるはずもありません。

「自分にはやりたいことなんてない！」と思っているあなたも、気づけていないだけでちゃんと「野望」を持っているのです。

大切なことは「あなたの叶えたい野望を見つけて、そのために生きると決める」ということです。

自分が何をおいても叶えたい野望さえ見つけることができれば、半分は成功したといえます。なぜなら野望を持つことは、いつも元気に動く「高性能なエンジン」を手に入れたのと同じことだからです。あなたの心臓が生きるために鼓動をやめないのと同じように、エネルギーを生み出すエンジンさえ搭載すれば、継続できないという問題のほとんどは解決するでしょう。

自分の野望が叶えられると期待している限り、人はどんな苦になる作業でも厭《いと》わないものです。叶えられるかもしれないと「期待」すること、そしてそれらの野望を何としても叶えたい「理由」があれば私たちは勝手に動き出します。

あとは、それらを忘れないように様々な仕組みを用意すればいいだけ。

まずは、あなたの野望をはっきりとした言葉に変えるワークを行っていきましょう。

2 本当の野望の見つけ方

では、あなたに質問します。

「あなたの叶えたい野望は何ですか？」

「なぜその野望を叶えたいですか？　その理由を言葉にしてください」

これらの質問に明確に答えることができるならば、あなたは自分の野望を叶えるために「どんな人間にならなければならないか」がすでにぼんやりと見えているかもしれません。

「まだ自分の叶えたい野望がわかりません」という人はここで一緒に見つけてしまいましょう。

ここからはあなたの野望を発見するために「したいことリスト」を作成していきます。

あなたの野望について「なりたい自分（ｂｅ）」「したいこと（ｄｏ）」「欲しいもの（ｈａｖｅ）」の3つに分けて考えてみましょう。

Work 1 「したいことリスト」の作成

be
なりたい自分

・あなたはどのような自分になりたいですか？
・どのような生き方をしたいですか？

do
したいこと

・あなたは何をしたいですか？
・どのような経験をしたいですか？

have
欲しいもの

・あなたは何が欲しいですか？
・どのようなものを手に入れたいですか？

制限はありませんので、たくさん書き出してください。これらのワークを進めることで、きっとあなたの野望が次第に明確になっていきます。

ただし、注意して欲しいことがあります。あなたが書き出した野望は、本当に心から実現したいと思っているものでしょうか？　実はしたいことリストを書き出すにあたり、「憧れの人や好きな人」「憧れていることや好きなこと」「欲しいものや好きなもの」から逆算して考えても、本当に叶えたい野望は見つからないことが多いのです。

なぜでしょうか？

自分が大好きだと思うものから考えれば、本当に自分が叶えたい野望のヒントが見つかるかもしれないと思うのは当然のことです。しかしながら、**「憧れていること・大好きなこと＝自分の本当の野望」になるとは限りません。**

私たちは周囲からの同意や共感を得やすい「良い」と思いこんでいるものを自分のやりたいことだと思ってしまいがちです。ですが実は誰かの理想をトレースしているだけだったり、上辺だけを取り繕っているものだったりするのです。

セレブのライフスタイルや好きな芸能人と同じメイクやファッション、庭付き一戸建てやスーパーカー、ボランティア活動や田舎暮らしなど、一見すると実現できたら幸せになれそうな気がしますよね。でもよく考えてみてください。

それは本当にあなたが好きなことなのでしょうか？

無意識に誰かの理想を自分の理想にしていませんか？

今一度、あなたの書いた「したいことリスト」を振り返ってみてください。

別の視点でも考えてみましょう。

例えば、あなたがある人を好きになったとします。それを友人に相談した時に必ずといっていいほど聞かれることが、「相手のどこを好きになったのか」ということですよね。

そう聞かれてあなたは相手の好きだと思うところをたくさん伝えます。

優しいから、気が利くから、話が面白いから、かっこいい（可愛い）から、尊敬できるからなどなど……。

たくさんの「好きな理由」を思いつきはしますが、本当のところはどうでしょうか。

正直なところ、なぜ相手のことが好きなのか、その本当の理由は「はっきりとわからないな」と思ったことはありませんか？

安心してください。その感覚はとても正常なものです。

実は先に述べた好きな理由は「なぜ自分が相手を好きになったのか」という理由に直結

していません。「自分が好きになった理由はちゃんと説明できる」という自分の一貫性を守りたいために、そして**周りを納得させ共感を得るために「後付け」で考えた理由**なのです。

実際のところ、好きになるのに理由などありません。

私たちは感情で生きる生き物ですから、まず「感覚的」に誰かを好きになって、その後でようやく理論的に「なぜ私はこの人のことが好きなのだろうか」と考えるのです。

つまり、私たち人間は「好きになったことには理由があるはずだ」という思い込みから後付けで理由を獲得しようと考えてしまう生き物なのです。フェロモンや遺伝情報など、様々な角度から人が人を好きになる理由は研究されてはいますが、言葉で明確に説明することは非常に難しいでしょう。そして、これは好きな仕事や趣味であっても同じです。

本当に好きな理由ははっきりとしないにもかかわらず、誰に何と言われようと好きなものは好きなのです。そういう思いがあって「したいことリスト」を書き出した人はそれでいいでしょう。それがあなたのエンジンになります。ですが、自分の好きなことがそもそもわからないという人もいらっしゃるかと思います。

ではそういった人はどうやって野望を見つけていけばよいのでしょうか。

その答えは「したくないこと」から探しはじめることです。

3

「したくないこと」に潜む強大なエネルギー

「したいこと」から考えるのではなく、「したくないこと」から考えるとはどういう意味でしょうか。

したくないということは「嫌なこと」だということですが、どうして自分がそれを「嫌」なのかについては、好きと同じく明確な理由を見つけにくいものです。

ですが「好き」と「嫌い」には大きく違う点があります。それは**「嫌」である理由はわからなくとも「嫌」というだけで、十分に行動する理由になる**ということです。好きなことは必死にならなくても問題になりませんが、嫌なことは必死で改善したくなるものです。

ある程度は我慢できるかもしれませんが、いつか限界が来ます。「嫌な住環境」「嫌な人間関係」などのストレスを解消するためならテキパキと行動できてしまう。皆さんも心当たりがありませんか？

「したくない」「嫌だ」という感情は非常に大きなエネルギーを生み出します。

火事場の馬鹿力という言葉があるように、人は危機が迫っていれば普段以上の力を出すことができます。これと同じようなもので、自分が嫌だと感じる状況に危機を感じているのでしょう。

「どうしてもしたくない！」という力には強い行動力が伴います。「好きなことなら何でもできる！」という方もいらっしゃるとは思いますが、人は痛みを避けて快楽を得たい生き物です。そのため「快楽を得たい！」と思うよりも、「痛みを避けたい！」と思うことを理由にするほうが何倍もの行動するエネルギーを引き出せるのです。これにより普段の自分では思いも寄らない行動力で物事に取り組むことが可能となります。これは多くの方が納得しやすいのではないでしょうか。

好きなことは改善しなくても大きな問題になりにくいですが、嫌なことは改善しなければ痛みが残り続けるので、私たちは重い腰をあげて解決しようとします。

だからこそ**「したくないこと」から考えはじめることで、行動が伴う小さな野望を見つけやすくなる**という理屈なのです。あなたが抱えている痛みや不安から脱するために掲げた野望というのは非常に明確であり、そして現状をどうしても変えたいという強い思いから行動にも繋がりやすいといえます。

「したくないこと」から逆算することであなたの明確な野望が浮かび上がります。

4 「したくないことリスト」を完成させよう

したくないことから考えていく価値に気づいてもらったと思いますので、早速「したくないことリスト」の作成を進めていきましょう。したいことリストと同様に制限はありませんので、たくさん書き出してください。

※この章の最後に私の「したいこと・したくないことリスト」について触れています。ぜひ参考にしてみてください。

まずはあなたがどうしても「なりたくない自分（be）」「したくないこと（do）」「欲しくないもの（have）」について漠然と思い浮かべてみてください。どうでしょうか？

これなら「すぐに出る！」という方も多いのではないでしょうか。

不安や悩みがある人というのは一定以上の「嫌」が溜まっていますので、「したいこと」について考える余裕や時間がありません。その代わりに不満や嫌なエネルギーは爆発寸前まで溜まっているので「したくないことリスト」はスラスラと出てくるケースが多いのです。「私は不満ばかり思いついてしまうけど、これっていけないのかな？」と思う必要はありません。嫌なことをそのままにしているほうが後々あなたの精神や体に悪影響をもたらします。

この機会に徹底的に自分の嫌なことを書き出してみましょう。

このワークはあなたの野望を発見する最初の行動として最も有効だと私は考えています。しかも書き出すだけで「スッキリする」というおまけ効果付きです。

「したくないことリスト」の書き出しがすべて終わったら、「したいことリスト」についても再度じっくり考えてみてください。

もしも「したくないことリスト」がすべて叶ったら、その後に何をしたいのだろうかと。

「したくないことリスト」を書き終えたあとならば、最初に書こうと思った時よりもスラスラと書き出せるかもしれません。「もしも」あなたのしたくないことリストがすべて叶ったとしたら、の話なのですから気楽に書き出せばいいのです。

きっと人生の目標が少しずつ明確になり、確信に変わっていくでしょう。

Work 2 「したくないことリスト」の作成

be
なりたくない自分

・あなたはどのような自分になりたくないですか？
・あなたが望まない人生はどのようなものですか？

do
したくないこと

・あなたは何をしたくないですか？
・どのような経験をしたくないですか？

have
欲しくないもの

・あなたは何が欲しくないですか？
・どのようなものを手に入れたくないですか？

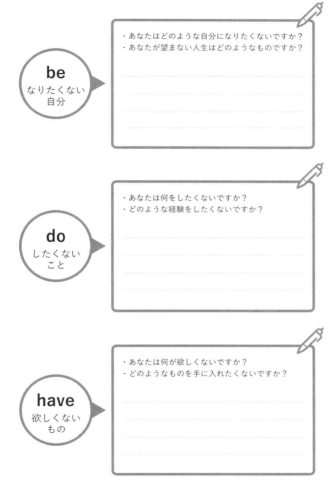

5 不安や悩みを完全になくすことはできない

最後に、したくないことリストを作成するうえで、間違わないで欲しいことがあります。それは「不安や悩みを完全になくすことはできない」という真理についてです。

多くの人は不安や悩みを「なくしたい！」と考えるものですが、その思考回路のままではいつまで経っても不安に悩まされ続けます。

「不安」や「嫌だ」と思う負の感情は絶対になくなることはありません。

そもそもこれらを感じることができる機能は、生きるうえで非常に大切なものです。不安や危機を感じる機能をなくしてしまえば、私たちはたちまち命を失ってしまうでしょう。危機を察知することができなければ、道路に飛び出して車にはねられ死んでしまうかもしれません。道路に出たら危ない、血が出たら痛い、怖い、こういったものを判断するために備わっている恐怖を感じる心の機能は、生きていくために必須のものです。

つまり、もしも不安をなくすという行為が成立するのだとすれば、私たちは人間をやめるしかありません。

「不安をなくして幸せに生きたい」という望みが、これでは本末転倒です。

ただ私たちは頭で不安や悩みは完全になくならないと理解したとしても、不安が大きくなると、「この不安から解放されたい！　なくなって欲しい！」と冷静でいられなくなってしまいます。そして理性を捨てて、藁《わら》にも縋《すが》る気持ちで「不安をなくす方法」を求めてしまうのです。一度冷静になればわかることですが、その不安をなくそうとする行為は、もはや命を放棄することと同義だという矛盾を抱えています。死という終わりを迎えるまで、私たちは一生涯この不安や悩みというものと付き合っていくしかありません。

ですが、安心してください。絶望する必要はありません。**不安を完全になくすことはできませんが、「小さくする」ことは可能なのです。**つまり、そういった感情は「コントロールすることができる」というわけですね。

そして勘違いして欲しくないのは、これらも生きるための素晴らしいエネルギーだということ。このエネルギーをうまくコントロールすることさえできれば不安は小さくなり、かつその強大な不安というエネルギーを目的達成のために利用することができるようになるのです。こんなに素晴らしいことはありません。

多くの人は不安という強大なエネルギーに制御を奪われ、決して叶うことのない不安をなくすということを目指してしまうだけなのです。

大切なのは、「知る」ことから始まるということです。

「不安はなくならないが、小さくすることはできる」

このような思考回路になれば、あなたの問題はひとつずつ解決に向かうことでしょう。

コラム　筆者のしたいこと・したくないことリスト

これらは私が16歳の頃に書き出したものに、結婚後、22歳で再度妻と一緒に考えたものを加筆した内容です。少し恥ずかしい気持ちになりますが、ぜひ参考にしてください。

もちろん「したくないことリスト」は今でも更新されていますが、お金の問題が解決するにつれ「したいことリスト」のほうが増えてきました。

また「したいこと・したくないことリスト」は定期的に見直すことをおすすめします。私は年に一度、これらについて考える時間を必ず確保しています。

「したいことリスト」

be なりたい自分

- 常に人を元気にさせ、感動させる自分
- 感謝を忘れない自分
- 人の価値観に左右されない自分

do したいこと

- 毎年、大好きな友人や家族を祝う
- 世の中の美味しいものを食べつくす
- 自分の体験したことをまとめて本を出す
- 日本一周　・世界一周　・クルージング

have 欲しいもの

- 気候のよい無人島
- クルーザー　・麻雀専用ルーム

実際のしたいこと・したくないことリスト

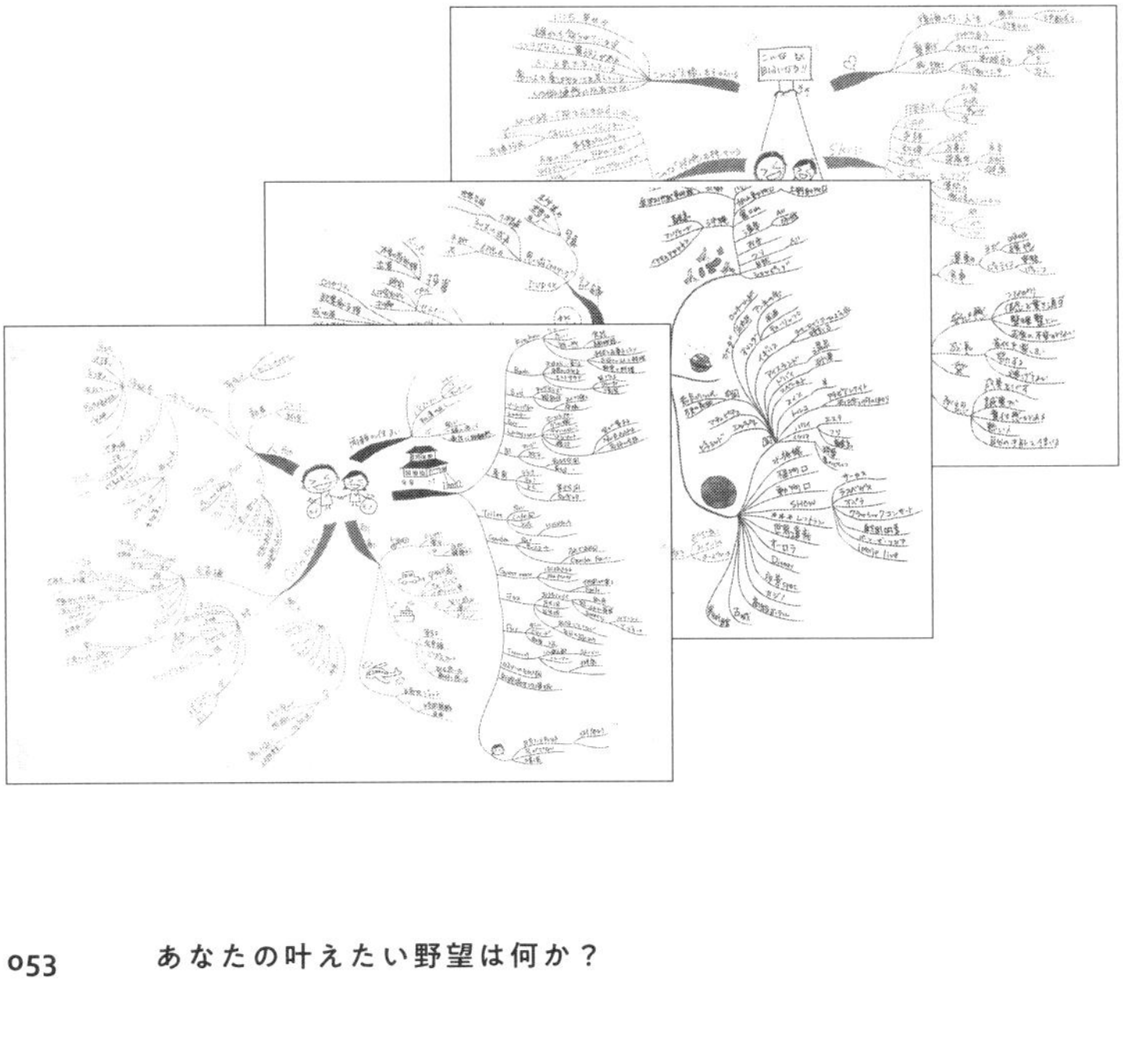

「したくないことリスト」

be
なりたくない自分

・マイナス思考ですぐに諦める自分
・他を犠牲にしてまで、利益を得ようとする自分
・目標を失って怠慢になる自分

do
したくないこと

・お金を無駄なものに変える
・非生産的なことに時間を使う
・朝の満員電車に乗って、決まりきった時間に出社する
・上下関係や社会の常識を押し付けられること
・一生誰かの歯車（レバレッジ）として生きること

have
欲しくないもの

・ゴキブリがでる家　・大きな病気やケガ　・不名誉

第 3 章

あなたの現在地を確認する

1

人生の目的地と現在地を定める

私は最初にパイプラインをつくりあげキャッシュフローを手に入れることで、8割のお金の問題は解決すると伝えました。

ただ多くの人は、設計図や材料を手に入れさえすれば、パイプラインが勝手にできあがるものだと誤解しています。つまり割のよさそうな金融商品を探すことには躍起になるけれど、意思と仕組みがないため、結局のところ投資し続けることをやめてしまうのです。私たちは、設計図や材料を元に自らの手でパイプラインをつくりあげる必要がありますが、取り掛かるだけの理由がないと行動に移しません。

そこで**自分を動かす高性能なエンジンが必要**なのです。第2章ではその理由を見つける作業を行っていただきました。自分の小さな野望（したいことリスト・したくないことリスト）を明確にすることで、あなたは高性能なエンジンを搭載したといえます。

しかし、どれだけ高性能なエンジンを搭載し目的地を目指したとしても、自分がどこにいるかわかっていなければ「どのようなルートがあるのか、どのルートを選べばよいのか」がわかりません。

自動車のナビや電車のルート検索を設定する時のことを思い出してみてください。まず必要となる情報が「現在地（出発地）と目的地」ですよね。その情報をもとに、ルート候補がいくつか提示されます。

「どこから向かうのか」という現在地がわからなければ、ルートは設定できず目的の場所まで辿り着くことはできません。あなたが東京にいるのか、大阪にいるのか、それがわかってはじめて、目的地までどのような手段があるのか、あなたにとって最も有効な手段は何なのかを考えることができます。

・電車で行けばいいのか？
・車がいいのか？
・飛行機がいいのか？

それぞれにメリット・デメリットがあります。さらに自分がもし車に酔うタイプだったとしたら、そもそも車という選択肢は除外するかもしれません。あなたの現在地を把握することは、どのような「手段」があなたに向いているのかということを考えるうえでも必須だということです。

また、私はビジネスシーンで「目的」と「目標」の違いについて話すことがあります。**「目的」とは「目指すべき到達点」のことを示し、「目標」とは「目的を成し遂げようとするために設ける具体的な手段」のことを指します。**

例えばビジネスで考えると「目的」が企業のビジョンや経営戦略であり、「目標」がそれらを達成するための具体的な日々の業務内容ということになります。

多くの方は勤めている会社のビジョンのために目標を掲げ、計画書を書き、期限までに達成するという行為を日々繰り返していると思います。そして達成されるのは会社の目的であって、あなたの目的ではありません。もちろんお給料をもらっているわけですし、自分のビジョンと近いものであれば何も言いませんが、もしもご飯を食べるためだけに働いているのであれば、あなたのエンジンは全く機能していない状態といえるでしょう。

自分の人生の先行きのこととなると途端に後回しにしてしまうのが人間ですが、今の生活に不満があるならば、まずは自分の現在地を把握することに集中してください。

2 自分の現在地を把握する〈お金編〉

ここからはあなたの現在地を把握するために、あなたが保有している「**3つのリソース（資源）**」を確認していきます。3つのリソース（資源）とは「**お金**」「**時間**」「**能力**」のことです。あなたが保有している「お金」「時間」「能力」はどれだけありますか？

あなたが持っている「お金」

まずはあなたが持っている「お金」の現在地からみていきましょう。

お金の現在地を把握するために必須となるものは「損益計算書」と「貸借対照表」の2つです（次ページ）。この2つを理解し管理することで、現在地を正確に確認することができます。

どちらも難しく感じる言葉かもしれませんが解説すると簡単です。まず「損益計算書」ですが、これは「家計簿」のことです。あなたは毎月いくらの収入を得て、毎月いくら使っているか？　そして毎月「収入－支出」で、どれだけの「フリーキャッシュフロー

（自由に使えるあなただけのお金）」が残っているのかを教えてくれます。

最近はアプリも充実しているので「家計簿なら毎月つけています」という人もいるでしょう。家計簿をつけているのは素晴らしいことです。家計簿の書き方については本書では触れませんが、大切なのは続けることです。まず1年続ければ、あなたの年間収支状況を把握することができ、具体的に改善できるポイントを探すことも可能になります。

次に「貸借対照表」です。貸借対照表は「バランスシート」ともいいますが、あなたの「資産」と「負債」を一覧表にしたものです。こちらまで毎月管理しているという

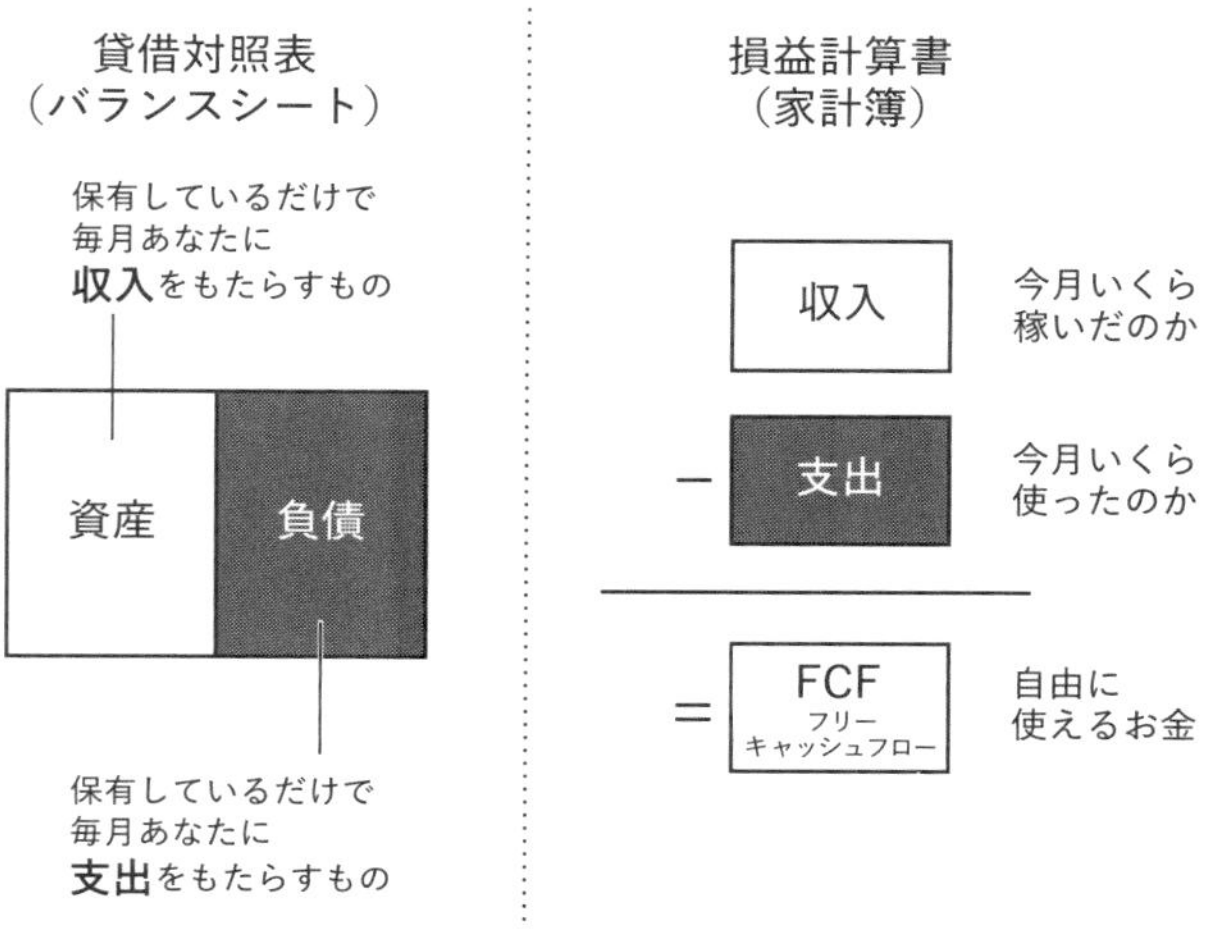

人は、恐らくほとんどいらっしゃらないのではないでしょうか。

「企業でもないし、個人でバランスシートは必要ないのでは？」と思われるかもしれませんが、個人でも法人でも関係なく現在地を把握するために必要なものです。

特にお金の問題を抱えている90％以上の人はこのバランスシートが書けません。

私は大人数でのセミナーの冒頭でこれらについて質問をすることがありますが、100人に「バランスシートを書いていますか？」という質問をして、手を挙げるのはその中の5〜6人くらいです。そのためこれだけ多くの人が毎月のお金に困っているのです。

海外では学生へのお金や金融に関する教育がだいぶ進んでいます。しかし、日本ではお金の授業というものがこれまでほとんどありませんでした。

お金自体にはみんな興味津々なのに、多くの人がこのバランスシートは「書けない・読めない・管理できない」という不思議な国、それが日本なのです。

あなたがお金に関して今も苦手なのは「誰もお金について教えてくれなかった」からでしょう。面倒に思うかもしれませんが、苦手なままで放置しておくのはおすすめしません。

お金の管理を正しくできるようになるだけで、あなたがお金について今後困ることは減っていきます。

ただ「簿記などの資格を取得しないといけないのか」というと、そこまでする必要はありません。バランスシートを「書ける・読める・管理する」ことができるようになればいいだけです。そしてバランスシートを理解するうえで必要な言葉は「資産」と「負債」の2つだけです。この2つの言葉の定義を正しく理解することだけに集中してください。

3

「資産」と「負債」を正しく理解する

負債と聞くと住宅ローンや自動車ローンなど「借金」のことかと簡単に想像がつくと思います。では「資産」とは何でしょうか。

色々と思い浮かべるものがあり迷ってしまうかと思いますが、ここでは簿記などにおける一般的な考え方とは違う視点で、資産と負債の簡単な見分け方をご紹介します。

「資産」とは　保有しているだけで毎月あなたに収入をもたらすもの
「負債」とは　保有しているだけで毎月あなたに支出をもたらすもの

たったこれだけです。

ではここで簡単なワーク（下図）をしましょう。多くの人が資産だと思っているものを揃えてみました。この考えに当てはめて、これらは資産なのか負債なのか選んでみてください。

いかがでしょうか？

簡単に判断がついたものもあれば、自分が持っていないものはわからなかったという方もいらっしゃるかと思います。それでは答え合わせをしていきましょう。

Work 3 「資産」と「負債」を分類してみよう

1. 自宅

自宅は「負債」です。

理由は簡単で、毎月ローンの支払いが発生し、保有しているだけであなたの口座からお金を奪っていくからです。

現金で一括購入しているから大丈夫という人もいますが、不動産は一括で買おうがあなたのものにはなりません。では不動産は一体誰のものなのでしょうか？

答えは国のものです。

その証拠にローンをすべて支払い終えたとしても、あなたは払い続けているものがあるはずです。そう「固定資産税」などの税金です。

すべての家や土地の本体価格を支払い終わっても、税金の支払いがなくなることはありません。支払いがなくなるとすれば、それはその不動産をあなたが手放した時なのです。

不動産は決してあなたのものではなく、国のものだと覚えておきましょう。

2. 別荘

1. の理由と同じでこちらも「負債」です。

別荘を持っている人はお金持ちだというイメージがありますが、自分で利用しているだけであれば維持費を払い続けていますから同じことです。

ただし、自分で住まずにこの物件を他人に貸して家賃収入を得ている場合は、その瞬間にこの別荘は「負債」から「資産」に早変わりします。

もちろん毎月の支払いや税金などを上回るほどの家賃収入を得ていればという条件付きではありますが。

このように保有している不動産でも「自分で支払い続けているか」「誰かに貸して支出を上回るほどの収入を得ているか」によって資産か負債かに分けられるのです。あなたが土地や建物をどのように保有するかによって、資産にも負債にもなり得るということです。

3. 自家用車

では自家用車はどうでしょうか？

自分で利用してローンや税金の支払いをしているのであれば、こちらも「負債」であることがわかるかと思います。

しかし同じ車でも、自分で乗らずに人に貸したり、タクシー会社を運営するために保有したりすれば話は変わってきます。

軽自動車であろうと高級車であろうと、車両に関わる諸々の費用を差し引いてもなお収入が入ってくる仕組みになっているのであれば、それは資産となります。別荘と同じ考え方ですね。あなたの持っている車は収入を生んでいますか？

4. 預貯金

次に、ほとんどの人がしているであろう預貯金についてです。

日本の金利はずっと低金利で、あってないようなものです。しかし微々たるものですが金利は付いていますので、これは「資産」といって相違ありません。

ただ今後は「預貯金が負債になるケース」が発生するかもしれません。

日本では1999年2月に「無担保コール翌日物金利」と呼ばれる銀行間で必要な短期資金を融通し合う市場（コール市場）の金利を、できるだけ低く推移するように促す「ゼロ金利政策」というものをはじめて導入しました。

ゼロ金利政策は一時解除、復活を繰り返しながら続きましたが、2003年1月にコール市場において、ついにはじめてのマイナス金利による取引が成立してしまいます。

そして皆さんも記憶に新しいとは思いますが、2016年1月にはゼロ金利政策からさらに踏み込んだ「マイナス金利政策」の導入が発表され、民間金融機関が日銀に預けるお金（当座預金）の一部に対して、「マイナス0・1％の金利」が適用されることになりました。

マイナス金利が適用されるのは、民間金融機関が日銀に預ける当座預金の一部であり、普段私たちが利用する預貯金の金利がマイナスになるものではありませんが、今後もマイナスにならないとは言い切れない時代に突入しています。

たとえ私たちの預貯金の金利がマイナスにならなくても、口座管理料などが定期的に課され、ただ預金口座に預けているだけで預貯金が減っていくという可能性もゼロではありません。

そうなれば預けていてもあなたのお金は「負債」になってしまいます。

預貯金は大丈夫、現金は大丈夫と思い込んでいても、世界の常識が変わると資産は負債に変わります。大切なことは**保有しているものが「プラスのキャッシュフローを生んでくれるかどうか」**だということです。

5. 金

最後に金はどうでしょうか？

埋蔵量も決まっていて希少価値も高く、金といえば世界中の誰もがその価値を知っているので、これは唯一無二の資産だという方は多いでしょう。

しかし金は金利を生みません。

金利を生まないということは、金を保有していたとしてもプラスのキャッシュフローは入ってこないことになります。

仮にあなたが500万円／1kgで金を買ったとします。

その金があなたに利益をもたらしてくれる時があるとしたら、いつのことでしょうか？

それは「500万円／1kgよりも高い金額で売れた時のみ」です。

金も他の金融商品と同じように価格が変動しています。100万円／1kgの時もあれば、700万円／1kgの時もあります。

あなたが500万円／1kgで買った金を売ろうと思った時、値下がりして400万円／1kgだったならばどうでしょうか？　損失を生んでしまいますよね。

つまり、金を購入している人は「投資家＝資産（保有しているだけで毎月あなたに収入をもたらすもの）にお金を投下する人」ではなく「取引をしている人＝売買をすることで利益を得ようとする人」なのです。

金の延べ棒が金利を生むようなことがあれば別ですが、今のところ「金は資産でも負債でもない」といえるでしょう。


いかがでしたか？

資産だと思い込んでいるものでも負債（保有しているだけで毎月あなたに支出をもたらすもの）になり得ることに気づいていただけたかと思います。

「資産か・負債か」は投資家がその保有する財産をどう利用するかによっても大きく変化します。「何を買えばよいのか」だけを追っていても問題は解決しないという理由のひとつともいえます。

また、負債を一切買ってはいけないとは言っていません。

あなたのお財布からお金が出ていったとしても、それを認識したうえで買うのであれば問題はありません。**そのままでは負債なのに「これは私にとっては資産だ！ と思い込んで買う」ことが問題なのです。**

節度を持って楽しむのであれば構いません。ご褒美も私たちの活動には欠かせないものですから。**何か物を買う時に「それは私にとって本当に資産なのか？」と自問できるようになれば、どんどんあなたの財務状況は改善されていくことでしょう。**

多くの人は思い込み（バイアス）で生きています。

あなたはこのバイアスに囚《とら》われず、冷静に現在保有している財産が本当に資産なのか、それとも負債なのかを見極めて仕分けをしてください。

今は正しくバランスシートが書けなくても構いません。

自分が保有しているものが資産なのか負債なのか、それを把握することから始めていけばよいのです。

それではここであなたが持っているお金の現在地をまとめていきましょう。

Work 4 ～現在地を把握する～　あなたが持っている「お金」

損益計算書（家計簿）

あなたの収支状況を書き出してみよう

毎月の収入 ▶ ＿＿＿＿＿＿＿＿円　　毎月の支出 ▶ ＿＿＿＿＿＿＿＿円

フリーキャッシュフロー（自由に使えるあなただけのお金）

▶ ＿＿＿＿＿＿＿＿円

貸借対照表（バランスシート）

あなたが保有しているものは資産か負債か？　書き出してみよう

資産　保有しているだけで毎月あなたに収入をもたらすもの
例）預貯金・有価証券・賃貸用不動産

・
・
・
・

負債　保有しているだけで毎月あなたに支出をもたらすもの
例）マイホーム・マイカー

・
・
・
・

〈もっと知りたい方へ〉

バランスシートの書き方や管理をマスターすることができれば、
資産を増やすことはあっても無駄に減らすことはありません。
自分の現在の財務状況を明確に把握することで、
お金の不安は軽減されます。
バランスシートのことをもっと詳しく知りたいと思われた方は、
ぜひ、弊社の無料動画メルマガにご登録ください。

お金の設計図
（損益計算書と貸借対照表）
テンプレートと書き方の
解説動画をプレゼントしています。

4 自分の現在地を把握する〈時間編〉

あなたが持っている「時間」

お金の現在地がある程度把握できたら、次は「あなたが自由に使える時間」の総量について把握しましょう。

皆さんもお気づきだとは思いますが、**最終的に最も大きな価値を持っているのはお金ではなく「時間」です。**私たちはいつか必ず人生の終わりを迎えます。お金はあなたの野望を叶えてくれるための手段であり、いくらでも無限に増やすことは可能ですが、あなたの時間だけは無限に増やせない「有限」なものです。

しかし、その最も価値のある時間をテレビを見たり、スマホをいじったり、アプリに課金してヒマを潰すことに費やしてはいませんか？

年齢や生活スタイルによって体感時間は異なるでしょうが、これまでの人生を振り返ると、あっという間に時間が過ぎていったように感じる人が多いのではないでしょうか。

あなたの人生は「788,400時間」

私たちの人生が仮に90年だとすると……

90年 × 365日＝32,850日
32,850日 × 24時間＝788,400時間

全部で **788,400** 時間ある

（※およそ4年に1度のうるう年を入れると約528時間ほど増えますが、ここでは省略）

▼

つまりあなたの1日は……

（24時間 ÷ 788,400時間）× 100＝約0.003％

人生の「約 **0.003**%」を消費したことと同じ！

▼

1ヶ月過ごしたら……

（365日 × 24時間）÷ 12ヶ月＝730時間／月
（730時間 ÷ 788,400時間）× 100＝約0.09％

人生の「約 **0.09**%」を消費する

▼

1年過ごしたら……

365日 × 24時間＝8,760時間／年
（8,760時間 ÷ 788,400時間）× 100＝約1.11％

人生の「約 **1.11**%」を消費する

実際のところ、私たちの人生の時間はあっという間に過ぎ去っていきます。

あなたは知っていますか？　実は私たちが**「本当に自由に使える時間」は人生の中でたった「10％」ほどしかない**ことを。ここからは私たちの「人生の時間」について考えていきましょう。

厚生労働省が公表した「簡易生命表」によると、２０２０年の日本人の平均寿命は女性が87・７４歳、男性が81・６４歳だといわれています。

年々記録を更新しており人生１００年時代も現実味を帯びてきていますが、ここでは人生を90歳と仮定して、私たちの人生の時間について調べていきましょう。

人生の３割が睡眠、１割が仕事、ではあなたの本当に自由な時間は？

まず、何にどれだけの時間を使っているのか「時間配分」を調べていきましょう。

1．睡眠

ＯＥＣＤ（経済協力開発機構）が２０１８年に発表した国際比較によると、日本人の平均睡眠時間は「7時間22分」でした。最近の民間企業の調査では、実際のところ「6時間半」程度という結果も出ていますが、ここでは仮に7時間とします。

7時間／日×365日×90年＝22万9950時間
（22万9950時間÷78万8400時間）×100＝約29．2％

つまり人生の約3割の時間は寝ていることになります。

2．仕事

1日8時間、完全週休2日制で月20日間働いて残業しない場合、
1年間の労働時間は、8時間／日×20日間×12ヶ月＝1920時間
4年生大学を卒業し23歳から働きはじめ、65歳までの43年間労働したと仮定すると
1920時間×43年間＝8万2560時間
（8万2560時間÷78万8400時間）×100＝約10．5％

つまり人生の約１割の時間は仕事をしていることになります。

ちなみにここでは通勤時間を考慮していません。仮に通勤時間として往復１時間を足せば１万３２０時間増となり、約１．２年分ほどに。

往復２時間を足せば２万６４０時間増となり、約２．４年分ほど移動だけで消費されることになります。

3．教育

一般的な日本人は小学校から中学校までの9年間、そして高校から大学までの7年間、合計16年間の教育を受けて就職します。年間授業日数は「１９６〜２０５日」を設定している学校が多く、一概にはいえませんが、１日に約8時間は勉学に関わることに費やしていたと仮定すると

8時間／日×約２００日間＝１６００時間

１６００時間×16年間＝2万５６００時間

（2万５６００時間÷78万８４００時間）×１００＝約３．２％

つまり人生の約3％ほどは勉学に励むことになります。
ちなみに22歳時点の「勉学と睡眠以外の時間」は11万910時間で、人生の約14.1％です。

ここまでを合計すると、

睡眠
約29.2%

＋

仕事
約10.5%

＋

教育
約3.2%

＝

約42.9%

残りの57.1％の時間は他のことに費やし、私たちは人生を終えていきます。

思ったよりも時間はあると思いましたか？　とんでもない。この57.1％から「生活のために使う時間（食事・入浴・排泄など）」や「子育てや家事に費やす時間（掃除・洗濯・買い出し・食事の準備など）」を除けば最初にお伝えした通り「あなたが本当に自由に使える時間」は人生において「約10％」ほどしかないのです。

仮に1日24時間の10％で考えれば「2時間24分」しか「あなたが本当に自由に使える時

間」はないということになります。

　私は16歳の時に自分が24時間をどう過ごしているかについて完璧に把握したくなり、歯を磨く時間やシャワーの時間、家族との会話時間の平均、携帯やパソコンをいじる時間、1日に2階から1階に何度往復して合計で何分かけているか、などを計測した時期がありました。今思い返すと、細かすぎるだろうとは思いますが……。

　あなたは自分の24時間を何にどれくらい使っているか計測した経験がありますか？

　ここまでする必要は全くありませんが、計測しだすと面白いもので「今までいかに無意識に時間を浪費してきたのか」ということに驚くでしょう。

Work 5 〜現在地を把握する〜あなたが持っている「時間」

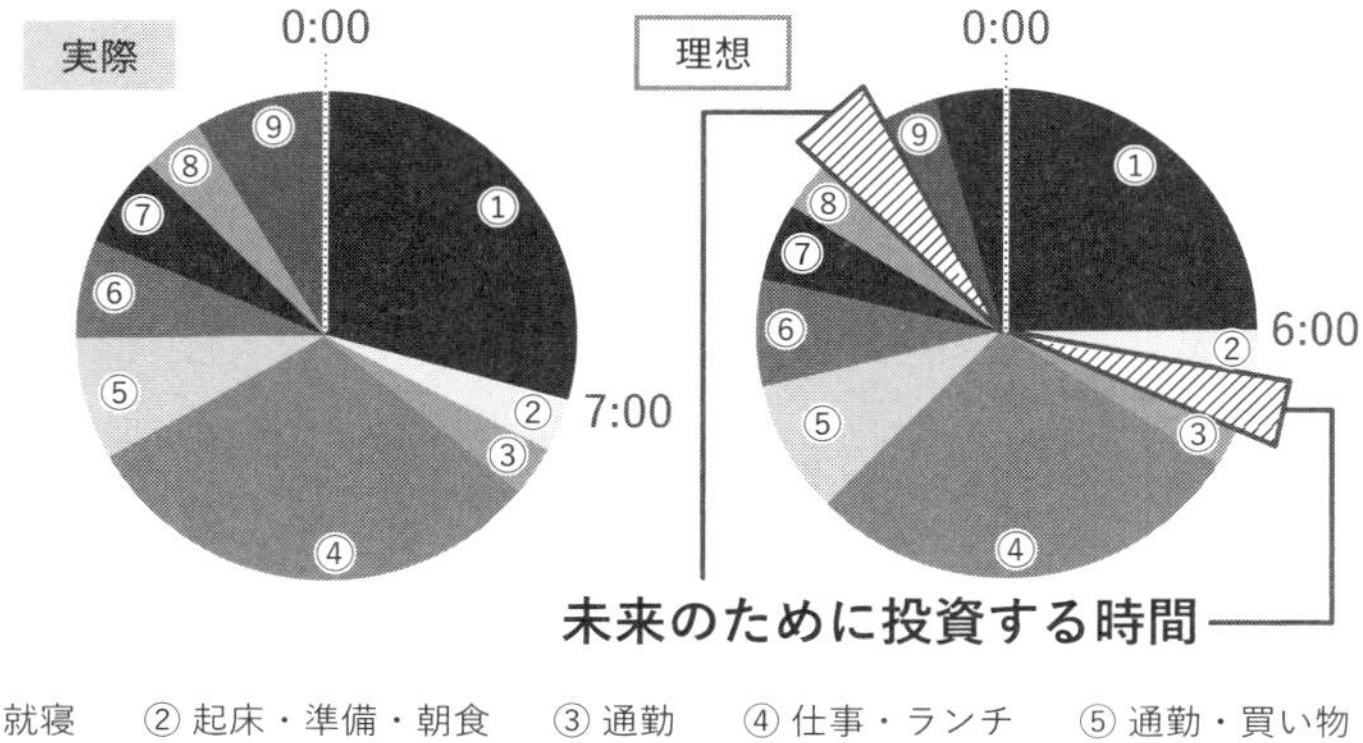

① 就寝　② 起床・準備・朝食　③ 通勤　④ 仕事・ランチ　⑤ 通勤・買い物
⑥ 調理・食事　⑦ 家族との時間　⑧ お風呂　⑨ フリータイム

実際にあなたの24時間を1週間ほど計測し、「あなたが本当に自由に使える時間」は一体どれほど残っているのか算出してみましょう。

知らず知らずのうちに経過してしまう時間を計測することで、あなたの真の持ち時間が見えてきます。スマホでメモをとったり、スケジュール帳を活用しても構いません。

完璧でなくても大丈夫です。まずは計測しようという意識が大切です。

1週間続けることができれば、会社員の人なら平日と休日の2パターンの時間の使い方が把握できます。

自営業の人は少し面倒かもしれませんが、1ヶ月ほど計測してみれば「仕事の日」や「プライベートの日」の割合がわかり、月間の平均からおおよその時間把握ができるはずです。

さて、計測を終えてみた感想はいかがでしょうか。

あなたの1日における「自由に使える時間」はどれくらいありましたか？

1ヶ月間、1年間では？

思ったよりも時間がないなと危機感を募《つの》らせた方もいると思います。

もちろんこの**「自由に使える時間」が多い人ほど、人生において野望を叶える確率は高くなっていきます。**

ではどうすれば「あなたが本当に自由に使える時間」を増やすことができるのかというと、答えは簡単です。単純に「その他の時間の使い方」を見直せばいいのです。

24時間という1日の総量は増やせなくても、「時間の使い方」を改善することができれば「あなたの自由な時間の割合」は増やすことが可能です。

お金の管理でいえば、浪費を抑えてその資金を投資に回すようなもの。

生活するうえで必要な時間や睡眠時間などを除き、残った時間の使い方を確認する

代表的な無駄な時間とその解決策

×		○
ダラダラとYouTubeをみたり 不要なアプリを使ったり なんとなくスマホを いじっていたりすることが多い	▶	アプリを「削除」したりスマホを手元ではなく離れた場所に置いて時間泥棒を「遠ざける」
仕事が忙しすぎて 自分のための時間がとれない	▶	朝の出社前に1時間だけカフェに行き 自分のための時間を「先に」とる
家事が忙しすぎて 自分のための時間が少なすぎる	▶	お金をかけられるなら 「時短」に繋がる家電や食品を活用する
集中できず ついつい重要ではないことに 気を取られる	▶	自分が集中できる「環境」を買う

だけで、何をすればよいかは自ずとわかるでしょう。

人は測定しなければ改善しようという気が起きません。

しかし、逆をいえば測定さえしっかり行えば必ず改善しようという気持ちが芽生えるようにできています。

例えば久しぶりに体重計に乗った時、自分がまだ大丈夫と思っていたラインを超えていたら「今日の食事は少し抑えようか」と流石に危機感を持ち、改善したくなります。ですが体重計に乗らないようにしていれば「まだ大丈夫だろう」となぜか他人ごとになり全く改善しようとする気が起きないのです。

数値化されたものが持つ力というのは非常に大きく、さらにそれが自分ごとになると特に影響度が増すのです。

「測定するだけで人は改善しようとする」

この力を使って「あなたが本当に自由に使える時間」を確保するための改善を行っていきましょう。

5 生まれた「自由な時間」で何をすればよいのか？

ではあなたが持っている「本当の時間」がわかったとして、その自由に使える時間をどう活用していけばよいのでしょうか？

基本的には次の3つのことに時間を使うと考えてください。

1．「副業や残業でお金を稼ぐ」

借金が多いために支出が減らない場合、もしくはそもそもの収入が十分ではない場合などは、それらを補うため自由な時間を副業や残業に充てます。

2．「必要な知識を習得する」

自由な時間でテレビを見たり、SNSやゲームをしていては、今の自分を満たすことにしかなりません。自分の未来の野望を叶えるために必要な知識を習得する時間や、新しいことを学ぶ時間に置き換えていきます。

投資をする時間に充てます。お金を回し続けることに自分の時間を注ぐことができれば、時間の経過とともにさらに自由な時間は増えていくでしょう。

3.「お金を回す」

最終的にあなたの時間を買い戻す！

私たちがお金（給与）を得るために大切な時間を切り売りして働く理由は何でしょうか。衣食住のためもありますが、それだけではなく稼いだお金で「＋αの上質な時間を買い戻したい」からです。

旅行に行ったり、美味しいものを食べたり、趣味に没頭したりするために日々働いているのです。同じ価値の時間を買い戻すだけなら働く意味はありません。

私たちは誰もが時間を切り売りし、お金を得て、そのお金を使ってよりよい上質な時間を買い戻そうとしています。

これって何かに似ていませんか？

そう、これはもはや「投資」をしていることと同じです。そう考えればすべての人間は最上の時間を手に入れようとする「時間の投資家」だといえるのではないでしょうか。

〈お金で買い戻すことのできる日常の時間の例〉

・ロボット掃除機
・乾燥機付き洗濯機
・食洗機
・家事代行
・オンラインでのフードデリバリーサービス
・生協などの食材宅配サービス
・体にあったマットレスやまくら
・ひげ脱毛
・形状記憶のワイシャツ
・通勤時間を減らすために会社の近くに引っ越す

など

6 自分の現在地を把握する〈能力編〉

あなたが持っている「能力」

では最後に、あなたが持っている「能力」についての現在地を確認していきましょう。

能力の現在地といわれても、ピンと来ないかもしれません。

そもそも能力には様々なものがあります。

手先が器用、パソコンの操作に詳しい、発想力が豊か、記憶力がよい……。

これまでの経験などから、あなたはすでにたくさんの能力を持っているはずです。

いやいや、自分には大した知識も能力もない。

といった声も聞こえてきますが、そんなことはありません。

あなたは大したことがないと思っていても、他の方から見ればとても素晴らしい能力かもしれません。あなたが自分を肯定できなくても、不思議なもので誰かが必ず肯定してくれます。**あなたが感じている世界がすべてではないということを知るだけで、見える景色**

は一変するものなのです。

「人が何をもって相手を魅力的に感じるか？」

そんな決まったモノサシはありません。好きなことに本当は理由がないように、あなたの能力はひとつの個性であり、必ずそれらを素晴らしいと思ってくれる人は存在するのです。

ただし、今回は「お金を持ち続けられる人」になるために必要な能力に絞ってお伝えします。それを手に入れるのは難しく感じるかもしれませんが、安心してください。

これから話す「お金を持ち続けられる人になるために必要な能力」は運や才能に左右されるものではありません。

「**すべて習得できる技術**」なのです。速い、遅いということはあっても習得できない特別なものではありません。

では「お金を持ち続けられる人」に必要な能力とは、一体どんな能力なのでしょうか？

まずは左の図をご覧ください。

実は「お金を持ち続けられる人」に必要な能力は大きく分けて3つ存在します。これら3つすべてを習得しなくても、時間さえかければ誰でもゆっくりとお金を持ち続けられる人になることは可能です。もし3つとも習得してしまったら、その人は恐ろしいスピードでお金持ちになってしまうかもしれません。

さて、あなたはこれらの能力を保有しているでしょうか？

【お金を持ち続けられる人になるために必要な能力】

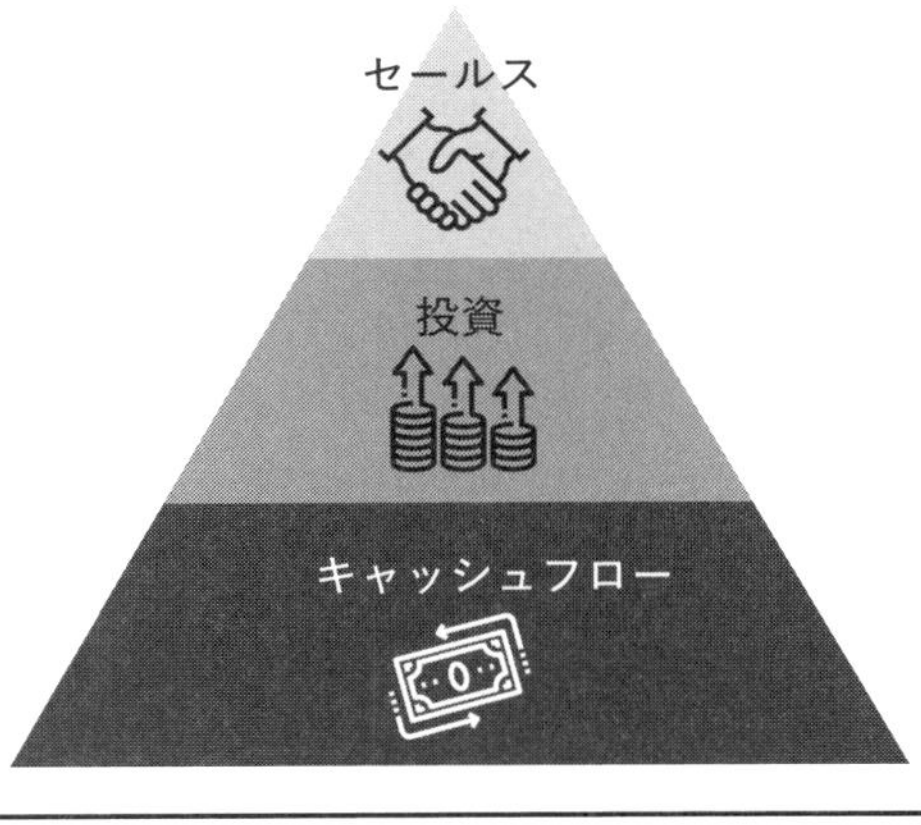

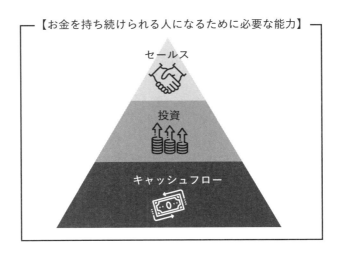

7 「お金を持ち続けられる人」に必要な3つの能力

1. キャッシュフロー

まずはキャッシュフローに関する能力です。

ここまでお読みいただいた人はもうピンときていると思いますが、**損益計算書と貸借対照表の読み書き、そしてそれらを管理する能力のこと**を指しています。

「自分の現在地を把握する〈お金編〉」でも説明しましたが、この能力を身につけることができれば、資産を増やすことはあってもいたずらに減らすことはなくなります。

この能力はお金を持ち続けられる人になるために避けては通れない、いわば「必修科目」といってもよいでしょう。

これを落とすと進級できないよ、というぐらい大事な科目だと思ってください。

キャッシュフローに関する能力には3段階のレベルがあります。

〈レベル1：キャッシュフローが読める〉

キャッシュフロー、つまり「お金の流れ」が読めるようになれば様々なメリットがあります。

投資案件の目利きができるようになる、騙されなくなるといったものです。例えば友人と一緒に事業計画を立てる時など、数年後のリスクや資金計画を読めるようにもなります。また、計画的な預貯金ができたり、無理のない返済計画が立てられるようになります。ただ闇雲に頑張ろうと思うだけでなく、しっかりと数字を意識して動くことができるようになり、投資をしてから「こんなはずではなかった」と思う確率がグッと下がるはずです。

〈レベル2：キャッシュフローが書ける〉

キャッシュフローの流れまで含めた財務諸表（損益計算書と貸借対照表）を自分自身で書くことができれば、今後誰かに依存することなく自分のお金の状況を把握することができます。今いくら持っているのか、年末まではどれだけのお金が増減するのか、といった動きまで数値化し確認することができるようになるので、お金の不安が大きく軽減します。読めるだけでも十分ですが、自分で財務諸表を書けるところまでいければレベル2です。こうなると当事者意識も高まって、よりお金を持ち続けたいという思いに駆られるでしょう。

〈レベル3：キャッシュフローを管理できる〉

財務諸表を自分でつくることができても、放置していてはその変化に気づくことができません。財務諸表が読める力、書ける力は少し勉強すれば誰でも習得できるものですが、それらを本当に活用できているかに関しては日々の管理がものをいいます。

「昨年と比べてどうなのか？」
「改善できる箇所は他にないのか？」
「資産配分をどのように変更しようか？」

財務諸表を定期的に振り返り、活用できてこそレベル3に到達できます。レベル3までいけば、高度な戦略や計画を立てることも可能になります。

このようにキャッシュフローに関する能力が向上すればするほど、お金の不安は軽減されていきます。

「何で自分のお財布にはいつもお金がないんだろう？」と悩むこともありません。

一歩ずつ確実にお金の問題から解放されていくでしょう。

税理士や会計士、銀行員や証券マン、経理をしている事務の人、また簿記などを勉強した人などはこの能力を備えているかもしれません。すでにあなたがこの能力を保有している場合、その力を正しく活用することができればお金を持ち続けられる人生を歩めることでしょう。

しかし、もし本書を読んでいるあなたが「キャッシュフロー」の能力を習得していないというのであれば、あなたの「お金」と「時間」というリソース（資源）を投資して、キャッシュフローに関して真剣に学ぶことをおすすめします。

ただし、わざわざ簿記などの難しい資格まで取得する必要は全くありません。学ぶといっても、**「自分自身のお金の流れ」さえ把握できればよい**のです。

少なくとも半年間は自分のお金の状況を毎月しっかりと管理し続けていきましょう。

数字を記録し整理していくことは苦痛だと感じるかもしれませんが、それも最初だけ。

すぐに漠然としていたお金の不安が解消され、財務諸表をつけることが楽しくなっていくはずです。モヤがかかった状態だからお金の不安はやってきます。

何にお金を使っているのか、どんな財務状況なのかが自分でわかっていれば、恐怖は小さくなっていくものです。「『資産』と『負債』を正しく理解する」で行った【Work4】をまだやっていない人はぜひ取り組んでみてください。

2. 投資

次は投資の能力について確認していきましょう。

これはあなたの「お金というリソース（資源）」を最大化するために必要な能力です。

前述のキャッシュフローに関する能力が「収支を改善する能力」だとすれば、こちらは**「お金でお金を生む能力」**といえます。

「お金を持ち続けられる人」に早くなりたいという方にとっては、必要な能力になってきます。

しかし実際には投資というものへの悪いイメージや思い込み、さらには「知らない」という未知から来る恐怖心が拭えないという人も多いと思います。

「お金の不安から解放されたいのですが、絶対に損する投資はしたくないです！」

「投資しなくても解決する方法はありませんか？」

「損をしない投資商品が欲しいです」

このような質問や要望をよく受けます。

キャッシュフローに関する能力さえ磨けば株式や不動産などに投資をしなくても、何十年も時間をかけることで誰でもお金を持ち続けられる人にはなれるでしょう。ですから必ずしも投資をしなくてはいけないということではありません。

しかし「若いうちに、短期間で」というのであれば、投資の能力を習得していく必要があります。

この能力は、**あなたのお金を使ってさらにお金を増やし、お金を持ち続けられる人になるスピードを早めてくれる**のです。

しかし、当然ながら代わりに差し出すべき対価があります。その対価とは、投資を続ける限り幾度も味わっていかなければならない「損をする」という経験です。

こう話すとやはり、

「損はしたくない」

「リスクは負いたくない」

「他にリスクのない方法はないか」

とほとんどの人に言われます。

多くの人は投資における「リスク」というものを一般的なリスク、つまり「危険なこと」だと認識しているからこそ、そう思ってしまうのでしょう。**そもそも投資の世界でのリスクとは「ぶれ幅」のことをいい、「不確実性」のことを指します。**

ここで質問です。

定期預金に入れたあなたの預金は1年後いくらになりますか？

「ほとんど変化はないよ」

今は超低金利時代ですから、その通りです。預金は原則元本1000万円とその利息までは保護され、受け取る金利も決まっています。したがって1年後の収益はある程度予測できる、つまりリターンの「ぶれ幅」が非常に小さいといえます。

ぶれ幅が小さいということは、不確実なことが起きる可能性が低いため「リスクは小さい」と表現します。

こう聞くと一般的なリスクとは少し意味が違いますね。

では通貨や為替はどうでしょうか？

あなたが買った通貨が1ドル100円だったとして1年後にいくらになっているか、予測がつきますか？

これらは1年後にいくらになっているか、断定することは難しいでしょう。1ドル120円になることもあれば、逆に1ドル80円になることもありえます。

円安、円高のどちらにも大きくぶれる可能性がある、つまりリターンの「ぶれ幅」が大きくなります。

ぶれ幅が大きいということは、不確実なことが起きる可能性が高いため「リスクが大きい」と表現されるというわけです。

このように投資の世界での「リスク」は不確実性のことを指しています。

そして「ぶれ幅」が大きいからこそ、その「ぶれる可能性の幅」がそのまま損失や利益となって返ってくるということです。

暗号資産が100倍以上になって「億り人」が出たり、その逆でほとんどの資金を失ってしまったりする人が出るのは「ぶれ幅」が大きい投資先であるからといえます。

ぶれ幅が大きな投資商品は短期間に大きな利益を得ることもありますが、大きく損をする可能性も同様にあるからこそ取引が成立しています。

つまり**「損はしたくないけど利益は得たいという取引」は現実には存在しません。**

ですが私たちはいつも思うのです。

「今回ばかりは違うんじゃないか」

「自分に来た儲け話は確実に利益がとれるのではないか」と。

仮に利益が実現したとしても、それはたまたまいい目のほうが自分に出ただけだということを忘れないでおきましょう。悪いほうの目も誰かには出ているのですから。そもそも私たちは自分に都合のよい結果が欲しいので、「損をする話」は聞きたくないのです。

「損をする可能性があるからこそ利する」のですが、残念なことに自分の投資のこととなると誰もがこの当然のことを忘れてしまいます。

そして永遠にありもしない「損をしない投資法」を探し続け、皮肉なことにお金持ちになるスピードが最も遅い道を選択してしまうのです。

「損をすることも計算に含めて利益を生む投資を行う」ことでしか、求めている結果は手に入れられません。

その現実を受け入れて投資に向き合う覚悟が必要です。

あとは実践を通じて投資の能力をどんどん磨いていくだけです。

ちなみに「デモトレード」といった類はできるだけ経験しないことをおすすめします。人間は属している環境に馴染んでしまうので、現実とは違う環境で投資体験をしてしまっても何かしらの感情を獲得します。

しかしその感情はあくまで仮想の世界で得られた感情です。その後に現実の世界で投資を行い損失を出してしまった時、痛みの感情がデモトレードの時と比べるとあまりにも大きいため、ギャップに耐えられなくなってしまうという弊害があります。そして投資が余計に怖くなってしまいます。であれば少額でもよいので最初から現実の世界で投資を行い、実際に利益も損失も経験しておいたほうが、投資の能力が徐々に高まっていくので何倍も価値があります。

最後に「投資の能力が高い」というのは、次のようないくつかの意味を含むことをお伝えしておきます。

・キャッシュフローを生む資産を見極める力
・「損失：利益」の比率を確認したうえで、期待値の高い取引を行う力

・保有している資産からどれくらいの資金量を投資に回すべきかを決定する力

例えばこのような力がある人は、短期間で資産を大きく増やし野望を叶える可能性がぐんと高まっていきます。

私たちは手っ取り早く儲かる投資というものにどうしても惹かれてしまいます。しかし短期間で資産を大きく増やしたいのであれば、前述のような能力を身につける必要があります。でなければ、いたずらに資産を減らすだけで意味がないということを肝に銘じておきましょう。

さて、あなたは投資の能力を高めたいですか？

もしその答えがＹＥＳなら、「早く野望を叶えたいか？」という質問にＹＥＳと答えたことと同じです。そうであるならば「手っ取り早く損せず儲かる投資商品」というありもしないものを探すことに時間をかける努力はもうやめましょう。

そしてあなたの「お金」というリソースを失うことを恐れないでください。

あなたが**お金を失う度に、あなたの投資能力は磨かれていく**のですから。

3. セールス

最後にセールスの能力について伝えていきます。
セールスと聞くとあなたはどんなイメージがありますか？
もしかしたら押し売りのイメージがあり、あまり良い印象はないかもしれません。

「営業はしたくない」
「モノを売る力は私にはない」
「人に頭を下げるのは嫌だ」
「投資だけで成功したい」

このような意見がまだまだ多いかと思います。このセールスの能力は必須科目ではありません。セールスを習得しなくとも、投資の能力を磨くだけでお金を持ち続けられる人にはなれます。
しかしセールスの能力をマスターしてしまえば、もう「お金がない」という不安から解放されます。

投資の能力は「投資元本を増幅させる力」でしたが、セールスの能力は「ゼロから価値を生む力」といえます。手元にお金がなかったとしても、**人脈やコミュニケーション力を使い、何もないところからでもお金を生み出す能力**です。

これは人が人にモノを売る市場が続く限り、なくなることはないでしょう。

3つの能力のなかで最も習得は難しいかもしれませんが、究極的にはお金が全く意味を成さない時代が今後来たとしても生きていける能力だといえます。そうはいってもセールスはしたくないという考えの人は非常に多いと思います。ですがそれはセールスの本当の意味を理解していません。私も最初はそうでした。

セールス力とはたくさんモノを売る力だと勘違いしていた頃、全くモノが売れずに悩んだ時期がありました。しかし本当のセールスというものを知った時、この能力ほど人を喜ばせ、自分をお金持ちにしてくれる能力はないという確信に変わりました。

あなたにもこんな経験がありませんか？

気に入った洋服が売られているお店に入って買おうか悩んでいる時に、後ろから「これがお似合いですよ」「何かあれば手伝いますよ」とプレッシャーを与えられて居づらくなったり、本当は買おうとしていたのに気に食わなくなってお店を出てネットで買ったり……。

そうかと思えば何も考えずにフラッと入ったお店の店員さんと話していると、いつの間にか気持ちよく買い物をしてしまい財布の紐がゆるゆるになってしまったり……。

どうしてセールスマンによって、このような差が生まれてしまうのでしょうか？

本当のセールスとはモノを売る力ではなく、「相手をどこまでも深く理解しようと努める力」です。相手を嫌な気持ちにさせてしまうセールスは、目の前の人が本当に求めているモノを理解しようという気持ちが後回しになってしまいます。

一方で一流のセールスマンというのは「相手を瞬時に深く理解する力」がものすごく高いのです。商品の内容がいいとか、高級だからとか、歴史があるからといった、いわゆるセールスポイントというのはすべて後回しで構わないのです。

そもそも、私たちはお金が欲しいと思っています。

なぜお金が欲しいのかと問われれば、それは自分が欲しいものを買ったり、行きたいところに行ったりしたいからです。お金を手に入れた後、そのお金を使って「何かを手に入れたい」はずです。

でも案外自分が本当に欲しいものというのは定まっていません。

何となくイメージしているものはあってもうまく言葉にできなかったり、しっくりこなかったり。

だから私たちは「本当は何が欲しいのか？」を知るために色々な場所に出向くわけです。つまり、**「本当はモノを売られたい」**のです。

でも、なぜか押し売りのようなセールスを受けると途端に嫌な気持ちになります。それは売られるのが嫌なのではなく、「自分のことを理解してくれない人から売られる」のが嫌だからです。逆に自分でもはっきり意識していなかった欲しいモノを、魔法のようにプレゼンしてくれる人には好意さえ芽生えます。

一緒に考えてくれたり、的を射た提案があると、共感や感謝の気持ちが湧き上がり、私たちは理解しあえたかもしれないと歓喜するのです。相手のことを本当に理解して売ることができれば、お金だけでは満たされない感情の深い部分を満たすことに繋がります。

ただ、実際に完全に相手を理解するのは難しいことです。しかしそれでも構いません。大事なのは「理解しよう」としてくれる人の姿勢であり、それをセールスマンから感じ取った時に私たちは心を動かされてしまうのです。

私はモノを売ることは「その人のステージを引き上げる」ことでもあると思っています。

例えば、自己肯定感が低い人は自分にとっては高級すぎてもったいないと感じてしまったり、人にどう思われるかを気にしすぎて控えめなモノを買ったりと、とかく無難な選択をしてしまうものです。

でも本当は自分でも気づいていない欲求として、

「少し背伸びをしてでも高価で質の高いものを身につけたい」

「どう思われるか気になるけど本当はこの色を試してみたい」

といったものがあるはずです。

その欲求をセールスマンが会話の中から見つけ、引っ張り出して一緒に理解しようと努めたとします。モノを売られている相手は自己肯定感も後押しされ、いつもと違った行動を取る決断をしはじめます。

明るい色をはじめて身につけ、自分のことを前より好きだと思えるようになったり、高価なものを身につけることで自信が持てたりする。これこそがその人のステージが上がった瞬間です。これらは売られている商品の内容が良いからとか、高級だからといった理由よりも強い買う理由になります。自分のことを深く理解したセールスマンが引き出してくれたその価値に対して、お金を支払っているのです。

つまり**セールスとは、良質な人間関係を築き深く理解しようとする行為**なのです。

いかがでしたか？

ここまでの話でセールスへの考え方が少し変わったという方もいらっしゃるのではないかと思います。もし今セールスの能力がなく、習得してみたいと思った方はあなたの「時間のリソース（資源）」を使う必要があります。

あなたの空いた「自由な時間」を活用して、セールス力を習得するために「実際にモノを販売する経験」を続けてみましょう。

このセールスという能力は3つの能力の中で最も習得が困難です。また、お金を持ち続けられる人になるためには必須かといわれるとそうでもありません。

しかしセールスを習得した人の人生はとても充実していて、面白い人生になるであろうことは私の経験からも保証させていただきます。

第 4 章

最強の投資は自己投資

1 自分以外はコントロールできない

第3章ではあなたの「お金」「時間」「能力」の3つの現在地について確認してきました。

ここからはあなたが現在保有している「お金」と「時間」を使って「パイプラインづくり」を継続することができる人間」になるために、いわゆる「自己投資」を行って残りの半分を埋めていく工程に入っていきます。

野望を明確にして50%、自己投資で自分を高めて50%ということですね。

では「パイプラインづくりを継続することができる人間」とは具体的にどんな人間なのでしょうか？

「パイプラインづくり」は、言い換えれば「投資を継続的に行うこと」を意味します。

当たり前の話ですが、投資は損する時もあれば得する時もあります。そうやすやすと結果をコントロールできるものではありません。

例えば自分の思い通りにならない理不尽なことが起きたとします。単純なコイントスなのにあなたが表と言えば裏が出て、裏と言えば表が出る。そんな理不尽な状況が10回続けて起きたとしたら、あなたはどんな気分になりますか？

きっとイライラ、不安、怒り、諦めなどの感情が湧き上がることでしょう。

コントロールできないものへの苛立ちから「投資をしない」という結論にいきつくのは当然のことかもしれません。ですが思い通りにならないからといって投資をやめてしまっては、パイプラインづくりは滞ってしまいます。

求められているのは、コントロールできない理不尽な状況が続く環境下であっても、自分自身をコントロールして淡々と作業を継続できる力です。

もう答えはわかりましたか？

パイプラインづくりを継続することができる人間

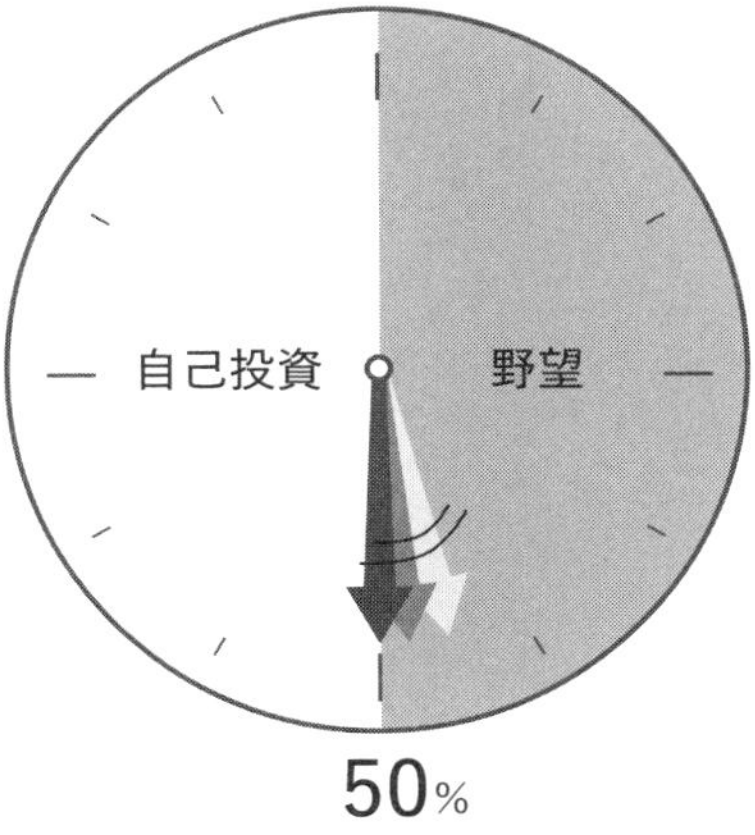

「パイプラインづくりを継続することができる人間」＝「自分をコントロールする能力が高い人間」ということです。

私は「自己投資」とは突き詰めれば「自分をコントロールする能力を高めること」だと考えています。

普通の投資は利益を得る目的で「資金を投げる」と書きますが、自己投資は「自分に資金を投げる」と書きます。自分以外の何かに資金を投げた場合、コントロールすることは難しいかもしれません。

しかし自分に資金を投げた場合、コントロールできる確率はグッと上がります。

「自分をコントロールする能力」を高めることができれば、理不尽な状況にも屈しない人間になれるでしょう。

また、投資にかかわらず私たちが本当に欲しいものは大抵コントロールできません。相手からの愛情、ビジネスや投資による利益、子供や部下の成長、寿命、天候ｅｔｃ……。

これらはあなたがコントロールできる範囲を大きく超えています。

コントロールできないものに対して感情的になっても仕方がないとわかっていても、私たちは「何とかコントロールできないか？」と無意識に最短距離での解決策を追求してしまう生き物です。しかし、何度も言うように自分以外のほとんどのものはコントロールできません。もしも、あなたが今思い通りにならなくて、どうしようもなく感情が制御できずにいるのであれば自分に質問してみてください。

「それは私にコントロール可能か」と。

多くの場合、目の前が見えなくなっていますが、この質問で我に返ることができます。コントロールできないものに一喜一憂していても成長はありません。投資というコントロールが難しいものと向き合い続けるために、**あなたにできることは「自分をコントロールする能力を高める」ということだけです。**

感情のある私たちが「100%自分をコントロールする」のは難しいことです。それでもあなたがコントロールできるのは自分の思考や行動、感情だけなのです。

つまり「自分をコントロールする能力」を身につけていくことでゴールに近づくのだと考えてください。

では、ここからは自分をコントロールするために必要な3つの要素をお伝えします。

2

「感情・思考・行動」の3つをコントロールする〈感情編〉

思考や行動に比べると、感情をコントロールするのは難易度が高いと感じることでしょう。怒りや悲しみによって思わぬ失敗をしてしまったという経験は、人間であれば誰しもが思い当たることだと思います。

それほどに感情というものは大きな力を持っており、もし思い通りに扱うことができたならどんな問題もたちどころに解決してしまいます。

では感情をコントロールするには、どのような方法があるのかみていきましょう。

受け取り方は簡単に変えられる

感情をコントロールする鍵は「受け取り方」にあります。

私たちは何かの現象を見たり、聞いたり、体験したりする時に「感情」が動きます。

でもそのほとんどは「思い込み（バイアス）」であり、実はあなたが受け取りたいように受け取っているのです。こう言うと、

「『私は不幸だ』と感じているこの感情も、自分がそう受け取っているから？　そんなはずはない！　私は貧乏だから不幸なんだ！　誰にも愛されないから不幸なんだ！」

こんな具合に反論する方もいます。

一見もっともな意見に感じますが、実はあなたの状態や起きた物事の現象とはあまり関係がありません。

もしあなたが何かの原因によって不幸だと感じているのであれば、あなたがそう選択して受け取ったからなのです。そして受け取り方というのは「いつでも自由に一瞬で変えられる」ものでもあります。もしも受け取り方を意識的に変えることができるのであれば、感情をコントロールすることも可能になるはずです。

しかし本当に受け取り方を変えることは可能なのでしょうか？

ここである例え話をしましょう。

あなたはある実験の観察者になりました。目の前の部屋には小さな男の子と女の子がオモチャで遊んでいる姿が見えます。あなたはその一部始終をマジックミラーから他の観察者と並んで観察しています。もちろん向こうからは一切見えません。

ここで研究員が観察者に向かって説明します。

「大人がそばにいてオモチャで遊ぶ時と子供たちだけで遊んでいる時では心理的に大きな違いがある。これはそれらを観察して意見を述べてもらう実験です。」

そう言われて子供たちを観察し始めました。目の前の2人の子供は途中まで仲良く遊んでいたようですが、しばらくすると女の子が遊んでいたお人形を男の子が取り上げてしまい、大げんかになりました。男の子は謝ることもなく、お人形をずっと返しません。女の子はずっと泣きじゃくっていました。

しばらくして研究員が部屋に入っていきました。研究員が「少しだけ貸してあげたらどうだい?」と男の子に耳打ちすると、しばらく黙ったまま不満そうでしたが、最後には渋々と女の子にお人形を貸してあげました。

この場面を一部始終見ていたあなたはどう感じましたか?

「大人がいるといないとではやはり大きな差があるな」

「少しぐらい貸してあげればいいのに」

「私の子だったらこうはなっていない」

他の観察者からも様々な意見が出ましたが、結局ほとんどの人は「女の子が可哀想だ」

と感じたようでした。

しかしここにひとつの「情報」が研究員から加えられます。

「実は男の子に詳しく聞いてみたら、あのお人形は亡くなった両親の形見だったようです」と。つまり男の子がずっとお人形を返さなかった理由は、親がくれた最後のプレゼントだったからだとわかりました。この話を聞かされた観察者たちは、だったら話は違うと一斉に意見を変えました。今までは「女の子が可哀想」だったのに、一気に男の子の肩を持つようになったのです。


いかがでしたか？

このように「ある情報」が加えられると、私たちは受け取り方を大きく変化させてしまいます。

「後付けの情報なんだから変化して当たり前だ！」

本当にそう思われますか？

ここで多くの人が確認していない重大な事実があります。

それは研究員が言った「情報」は果たして真実だったのか、ということです。

大切なのはこの部分です。この実験で研究員が言った情報が真実かどうか確定していないにもかかわらず、観察者の受け取り方は変化しました。

あなたも「そんな事実があったなら話は変わってくるよ」と強い感情と共に受け取り方に変化がありませんでしたか？

もしも研究員が言った情報がウソで、実際にはそんな事実が一切なかったとしたら？

ここで言える真実は「**思い込みを変えるだけで人の受け取り方は簡単に変わる**」ということです。目の前で起きる現象や事実がどのように存在していても、私たちは視点を変えるだけで受け取り方を自由に変えることができるのです。

あなたが今幸せと感じるか、不幸だと感じるかすら、究極的にはコントロール可能だということになります。

思い込むことがすべて悪いことではありません。要は自分の人生にプラスに働くように思い込めばいいだけです。

とはいえ、貧乏な状態で幸せだと思い込みましょうとまでは言いません。

ただ私たちはどのような境遇・状態にあったとしても受け取り方しかコントロールできません。だったら自分の人生にプラスになるように受け取っていくほうがよいと思いませんか？　受け取り方を意識的に変化させていくことで、私たちは自分の感情をコントロールしやすくなります。

「受け取り方を変えれば、人生も変わる」

これは投資に限らず、幸せに生きていくうえでも非常に大切な考えでしょう。

あなたがあなたの与えられた人生を意味のあるものだと受け取れば人生は華やかになります。幸運なことにいつどんな時であっても「受け取り方を変えよう」と意識すればその瞬間から必ず気持ちにも変化が現れるものなのです。

このように**ちょっとした思い込み（バイアス）を外すだけで私たちの感情は１８０度入れ替わっていきます。**ただ普段は受け

受け取り方を変えてみよう！

上司が怖い、同じ部署の同僚が苦手だ ▼ 意外な一面（ギャップ）を見つけて急に親しみが湧いた、実は可愛いかも！
誕生日プレゼントをもらったが欲しいものでなかった、残念 ▼ もしかしたら自分のことを色々考えて選んでくれたのかもしれない、ありがとう！
きっと自分を好きになってくれる人なんていない ▼ 世界にはたくさんの人がいる、まだ出会えていないだけかもしれないから まずは人に会いに行こう！（わくわく）
借金まみれでもうだめだ、辛い ▼ もしここから復活できたら、かっこいい！

身になって流されているだけなのです。

「自分は今、どんな感情を受け取っているのか?」

「それが自分にとってよくない受け取り方だとすれば、どう受け取れば改善されるだろうか?」そんなふうに受け取り方を意識してみてください。

3 「感情・思考・行動」の3つをコントロールする〈思考編〉

では次にどうすれば思考をコントロールできるか、という話をしていきましょう。

「できない」を「できる」に変える魔法の質問

何かを考える時に「それは無理だ、できない」と口に出した経験は誰にでもあることでしょう。例えば、こんな具合です。

「私はお金持ちにはなれない」

「時間がないからできない」
「投資なんて怖すぎる」
「起業なんて不可能だよ」
「私にはそんな才能はない」

私たちが成功できない、何かを達成できない時の主な原因はその人の思考回路にあると考えてください。もちろん気分（感情）も大事です。だからこそ感情を最初に取り上げました。

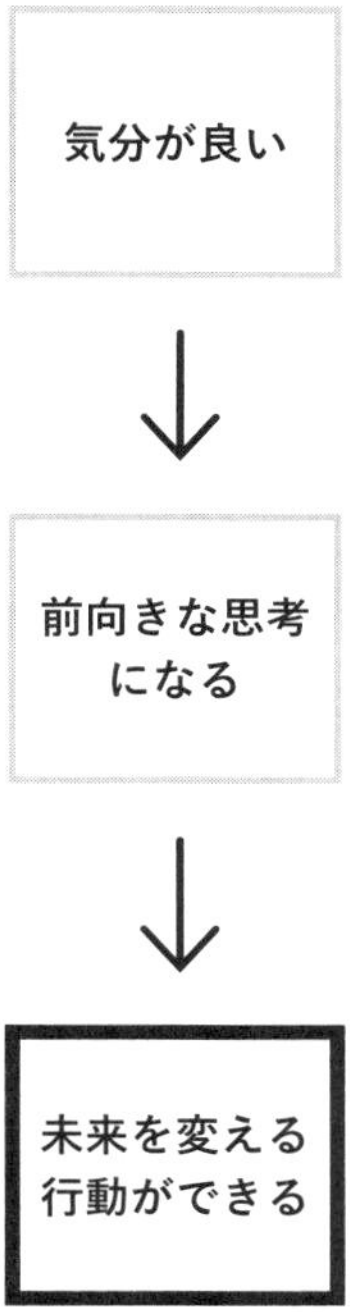

「思考は現実化する」とよく言われますが、このような流れがあってはじめて結果に表れます。気分をコントロールすることはすでにお伝えした通り難しいのですが、この思考を

コントロールする方法は比較的簡単です。

逆説ではありますが、思考から変えてしまっても気分をコントロールしやすくなります。ポイントは**「自分が今どんな思考に陥っているか」にどれだけ早く気づけるか**です。自分が求めていない思考をしている時は、誰かに指摘されなければ大抵は気づけません。いかに早くそれに気づいて、その思考を変化させられるかが重要になってきます。

ではどのようにして思考を変化させればよいのでしょうか？

その答えは**「質問」**にあります。

私たちは「自分自身へ質問を投げかける」ことによって、思考をコントロールしていくことができるのです。質問を変えただけでうまくいくはずがないと感じる方もいるかと思いますが、実は私たちの脳には「勝手に検索する機能」がついています。

そしてこれはGoogle検索のように非常に有能であり、必ず何かの「答え」を導き出してくれるのです。

信じられませんか？

では先程の否定的な思考たちを自分への質問で肯定的なものに変えてみましょう。すると次ページの表の通りになります。

このように**私たちの脳には質問されると「勝手に検索してしまう能力」が備わっています。**あなたが「不可能だ！　無理だ！」と言えば言うほど、できない理由を探し続けてしまいます。

無意識に発言しているとは思いますが、あなたが自分に出した命令に脳は忠実に従うため、ここを意識的にコントロールしなければ私たちの行動は思考によって現実のものとなってしまうのです。

しかし思考が行動に繋がるということは、前向きな思考になればあなたの行動も希望に溢れたものになるのが道理です。そのために必要なことが「前向きな質問」を自分自身に行うということなのです。

質問を変えてみよう！

私はお金持ちにはなれない

▼

「ではどうすればお金持ちになれるのかな？」
まずはお金持ちの人を見つけて話を聞いてみよう！

時間がないからできない

▼

「ではどうすれば時間をつくれるかな？」今月のスケジュールを確認して
時間がつくれないか？　リスケジュールなども含めて検討してみよう！

投資なんて怖すぎる

▼

「怖い理由がなくなればできる？　何が怖いんだろう？」
損失が出るのが怖い？　やったことがないから怖い？　ちゃんと分析してみよう！

起業なんて不可能だよ

▼

「では可能にするために何が必要なのかな？」
起業するために必要なことを起業した友人や先輩に相談してみよう！

「どうやったらできるのだろう」と質問した瞬間にあなたの脳は一生懸命前向きな検索を開始します。

この素晴らしい能力を使わなければもったいないとは思いませんか？

ただ、最初は自分に前向きな質問をすることが難しいと感じる人もいるでしょう。

これはあなたのせいではありません。「そんなことはできない」「お前には無理だ」と今までの人生の中で親や友人、先生などあらゆる人があなたを否定してきたからかもしれません。そういったドリームキラー（夢を殺す人）がいたことで、夢を語ったり大きな目標を掲げたりすることに抵抗を覚えてしまっているのです。

小さな子供の時は夢いっぱいです。

でも、徐々に夢や大きな目標を話さなくなるのは周りに否定する人たちがいるからでしょう。こんな話をしたら「笑われてしまう」とか「恥ずかしい」といった周囲に対する不安が積み上がり、私たちは前向きな思考を持つことさえためらってしまいます。

たった1人でもあなたのことを全面的に肯定してくれる人がいればだいぶ違うでしょう。

ひとつ、私からアドバイスがあります。

あなたが今までの人生で受けてきたドリームキラーからの言葉のほとんどは「あなたに

向けられたもの」ではありません。

すべては「自分にはできないのだからお前にできるはずがない」というジャイアン的思考から発言しているのです。

つまりそういった人たちは「私にはできない」と認めているだけなのです。

おかしくありませんか？　あなたにできないことがなぜ私もできないのでしょうか。そんなことはやってみないとわかりませんよね。

あなたにできないだけで否定されてしまう理由はないはずです。

ですが、冷静に思考を展開できない人は感情的に受け取ってしまうので「自分のことを心配して言ってくれている」とさえ感じてしまいます。

もちろんあなたのことを本当に考えて厳しい言葉を掛けてくれる人もいるのは事実です。私自身、そういった恩師にとても助けられました。

だからこそ冷静にジャッジする必要はありますが、経験上ほとんどの場合は「その人が実際にやったことがない、できない、わからない」からこそ発言しています。

また、ドリームキラーが親や親友など身近であればあるほど、思考への影響は大きくなります。私の場合も「絶対に金持ちになる！」といえば父や母、仲の良い友達に「絶対に無理だ」「お前にはできない」「あなたのことを思って言っているから公務員を目指せ」など、否定的なことを何度も言われました。

親が息子や娘を思って発言してくれていることが真実なだけに厄介なケースといえます。

そこで私は親や友人に質問してみました。

「あなたはやったことがあるの？」と。

そう質問すると「やったことはないけど」「あまりよく知らないけど」と、90％ほどの人は実際に経験したことがないのに思い込みだけで私に向かって発言していたことを確認しました。

やったこともない人たちの話を真に受ける必要があるでしょうか。

仮にやったことがあって失敗していたとしても諦める必要はありません。

あなたが同じようになるとは限らないからです。

また「何がだめで失敗したのか」と話を聞くだけでも意味はあるでしょう。

こういった経験をしてからというもの、私は「質問の力」をずっと信じています。

自分に質問する時も他人に質問する時も、人生を前向きに導く質問をすればよいと私は考えています。

若い頃の私もたくさんの前向きな質問を自分に投げかけることで、思考を冷静に前向きにコントロールしていました。それが今の自分に繋がっています。

「周りのできない」は無視しても問題ありません。

あなたは自分に「どうしたらできるか？」とだけ質問してあげてください。

あとは勝手にあなたの脳が思考を展開してくれます。

そうして思考をコントロールすることができれば「何のために頑張っているのか」という理由を忘れないですむはずです。

思考を奪われるな！

もうひとつ思考の話で伝えておきたい話があります。

それは**「あなたの思考を誰かに渡さないで欲しい」**ということです。

あなたの思考はあなたのものですが、考えるという行為はこの世で最も大変な行為のひとつです。だからこそ考えずとも生きていける仕組みに私たちは流されてしまいがちです。

それが「労働」です。

自分で何も考えずとも、誰かが考えた仕事に忠実でさえいればお給料がもらえる。

残念ながら私たちの多くが「思考を放棄する」ことで、代わりに「給料」という対価をいただいて生きています。

何も働くことが悪いと言いたいわけではありません。働く人がいなければ何も生産されませんし、何よりも誰かに必要とされて働くことは気持ちのよいものです。

問題なのは、自分で考えずに働くことが当たり前になってしまうことです。それが数年続くと、「何のために働いているのか」という最も大切な思考をほとんど行わなくなってしまいます。

もちろん生活のために働くという答えは皆持っていますが、それだけのために人生を過ごしているわけではないはずです。

すべてはあなたが求めている人生を生きるために選択したことですが、いつしか自分の人生をどう生きるかに思考をめぐらす機会は減っていきます。

今の仕事でいっぱいいっぱいになり、あなたの許容量が限界に来てはじめて「何のために働いているんだっけ」という疑問が頭をよぎります。そうならないためにも、あなたは自分の思考を奪われてはいけません。確かに自分で考えるのは面倒です。

しかし考えることを放棄するということは、その対価として誰かがあなたの人生を動かします。それが自分にとってメリットがあるうちは文句を言いませんが、メリットがなくなった時、不満が漏れることでしょう。「こんなはずじゃなかった」と。

とはいえあなたは自分で思考するということを手放したのですから、どんな結果になっても受け入れるしかありません。もしも自分で考えて行動したのであれば、あなたはきっと成功しても失敗してもすべての責任をとり、そして糧にするでしょう。

問題が起きる時というのは大抵、自分で考えることをやめて「誰かのせい」にした時なのです。もちろん任せてよいこととそうでないことの違いはあります。

私もお金に働いてもらって不労所得を得ています。誰かに働いてもらって時間を得ています。それでも自分の人生を思考することは誰にも任せません。

あなたの思考はあなただけのものです。

特に自分の人生をどう生きるか、と思考することだけは絶対に手放さないようにしてください。

4

「感情・思考・行動」の3つをコントロールする〈行動編〉

では、最後に行動をコントロールする方法について話していきましょう。

実際に成果を出すためには何かしらの行動を一定期間以上続けなければなりません。

ですが、いざやろうと思いついても、その時の気分や体調によって結局何も手に付かず無駄に時間を過ごしてしまった。

あなたにもこんな経験はあるでしょう。

三日坊主という言葉があるように数回の行動であれば誰でも達成することができますが、ずっと行動し続けるのは人間の意志の力だけでは限界が来ます。

意志の力というのは思った以上に脆《もろ》いものなのです。

ではどうすれば自分の行動をコントロールすることができるのでしょうか？

それには「**意志の力に頼らない力**」を手に入れる必要があるのです。

環境の力は意志の力を凌駕する

私は意志の力を信じています。しかし決して再現性が高いものではありません。自分の意志の力だけで成功するというのは非常に難しく、ひと握りの人たちだけしかできないでしょう。

ですが安心してください。意志の力に頼らなくとも結果を出していく力(方法)があります。それが「**環境の力**」です。

私たちは環境に適応するようにつくられた生き物です。行動し続けることができないと思ったら、環境を変えることで変化を起こすことができます。

ただし、環境の力には思わぬ副作用もあります。すごい力だからと何も考えずに環境を変えてしまったら非常に危険な結果に繋がることもあるのです。

まずは「環境の力と副作用」について話していきましょう。

環境の力と副作用

実は環境の力はポジティブにも、ネガティブにも作用します。

環境の力の恐ろしいところは、一度その環境に属してしばらく経つと、その環境から抜け出すことが非常に難しくなるという特性を持っていることです。環境を変化させることで得られる結果はほぼ約束されたようなものですが、本当に自分にとって欲しい結果なのかどうかには細心の注意を払わなければなりません。

ひとつ、私の証券マン時代の話を例に出しましょう。

私は16歳の頃からお金持ちになりたいという強い目的意識を持って日々行動していました。色々と経験した中で、お金持ちになるには最終的に経営者になればいいんだと思い至ります。

しかし成功している経営者の方々に起業しますと伝えて回ると、皆一様に「そのままでは本物のお金持ちにはなれない」と言い放つのです。

最初は私が若いからそう言ってきたと思っていました。

ですが、ある経営者にこう言われたのです。

「お前はお金を稼ぐ経営者にはなれるかもしれない。だがお前は、働く人の気持ちを理解して会社を経営することはできないだろう。従業員として働いた経験がなければ、働く人の気持ちや理不尽に感じる思いなどを本当には理解することはできない。そういった意味ではお前は本物のお金持ちになれないだろう。」

何も言い返せませんでした。

誰かの元で働くという経験をしっかりと積んだうえで会社を経営しなければ、自分は一生納得できないかもしれない。

そう自分の中でも腑に落ちたので、大学卒業後は証券会社に入社します。

その証券業界という環境に入る前に私が強く決めていたことは、「3年でトップセールスになり会社を辞めて起業する」ということでした。

どうせ働くならばお金について少しでも学べる環境が欲しかったですし、まだ会ったこともない富裕層の自宅のインターフォンを押してゼロからお客様と関係性を築いていくという泥臭いことをマスターしておきたいという思いもありました。

ですが、実際に証券業界に入ると私はボロボロになるぐらい自信を失いました。

すぐに結果は出せるだろうと思ってはじめた訪問営業で水をかけられ、警察を呼ばれ、塩を撒かれ……人間として否定されたような気持ちになり、日々追い詰められて、すぐに辞めたくなりました。同期の多くが1年もしないうちに辞めていったのを覚えています。

そんな強烈な環境でも属し続けると1年半後に大きな変化が起きました。

セールスの本質がわかってきたことでお客様に感謝されるようになり、強靭な精神と金融の知識、お金持ちとのコネクションや考え方までもインストールすることができ、最終的には予定通りにトップセールスを3年で取ることができたのです。

この結果に私は非常に満足しました。

証券業界に入った当初と比べて、確かに成長している自分に自信が漲《みなぎ》っていたのです。私は環境の力によって「セールス力」と「従業員としての経験」を手にすることができ大満足でした。

しかし、**「環境の力」の副作用**はここからでした。

私は当初3年でトップセールスになったら会社を辞めて起業すると決めていたはずでした。しかし、2年半ほど経った時に周りには尊敬できる上司、努力家の後輩、本物のお金持ちとの時間、そして証券マンという仕事のやりがいがあったのです。

多くのものを手に入れた私は、その環境を変える勇気が出ませんでした。

その時、私は自分の意志の弱さに驚きました。あれほど「辞める」と決意していたのに。2年半前、つまり証券業界に身を置く前は「トップセールスにさえなればいつでも辞めてやる。俺はずっと誰かの下で働くのは考えられない。学ぶために一時的に働いているだけだ。」とずっと自分に言い聞かせていたのに、時の流れと環境はその時の私の感情や意志を大きく変化させました。

「もうこのまま証券業界でずっと働いていてもいいんじゃないか？」

「素晴らしい上司もいる。後輩も育つと嬉しい。何より大きな案件を任されるのは楽しい。」

いくらでも今の環境にいるための「理由」が湧いて出たのです。

これが「環境の力の副作用」だと私は学びました。一度、環境を変えてしばらくその環境に属すと「何か」は必ず手に入ります。それは、友情やお金、やりがいなど様々です。

しかし気をつけなくてはいけないのは、**あなたの意志の力を上回る環境の力が「あなたの本当の気持ちをも飲み込んでしまうかもしれない」という副作用**です。事実、私は証券マンを辞めることが非常に怖くなっていました。

「3年間で積み上げたものを手放して、一から起業する意味は本当にあるのか」

「実はこの仕事が天職で最初に私が考えた生き方は違ったんじゃないか」

「このままでもいいんじゃないか」

環境の力の副作用はどんどん私を飲み込んでいきました。そして同時に多くの気づきも得ました。証券マンになる前から「3年で辞める！」とあれほど決意していた私ですら、こんなに気持ちが鈍るのであれば、「普通に入社した人たちは今の環境を変える勇気など持てないのではないか」と。

まさにその通りでした。

実際に周りの同年代に相談して確認してみても、皆辞めて自分らしく生きたいという気持ちは持っているけども辞めるのは怖いと。

幸いにも私の場合は妻と親友のおかげで当初の予定通り会社を辞めることができました。恥ずかしながら2人の助けがなければ環境を変える恐怖に負け、そのまま証券マンとしての人生を送っていたことでしょう。もちろんそうであっても充実した人生を送ることはできたかもしれませんが、その行く末は自分でコントロールしたものではなかったはずです。私たちは自分の人生に妥協することがありますが、妥協するにも時間が必要です。

仮に「A地点」を人生の目標だと据え置き、一生懸命に振り返りもせず、ただひたすらに走って辿り着いた場所が「B地点」だったとしましょう。

B地点に辿り着いた時に膨大な時間が経過していれば、そこからA地点に向かうのは非常に大変です。

そして私たちはこう言うのです。

「私が目指した人生の目的地はB地点だったんだ！」

これが**妥協の正体**だと私は思っています。

周りの人間は「そうだったんだね」と共感してくれるかもしれませんが、自分だけは道を間違えたとわかっているのです。私の決断が鈍った時、妻と親友は「自分はどんな人生を生きたいのか」というテーマをずっと一緒になって納得いくまで考えてくれました。

それは何度も何度も足を止め、自分が行きたい場所は「A地点」だと顔を上げて確認し、自分の進む道の間違いを修正してきたからこそ決断できたのだと思っています。

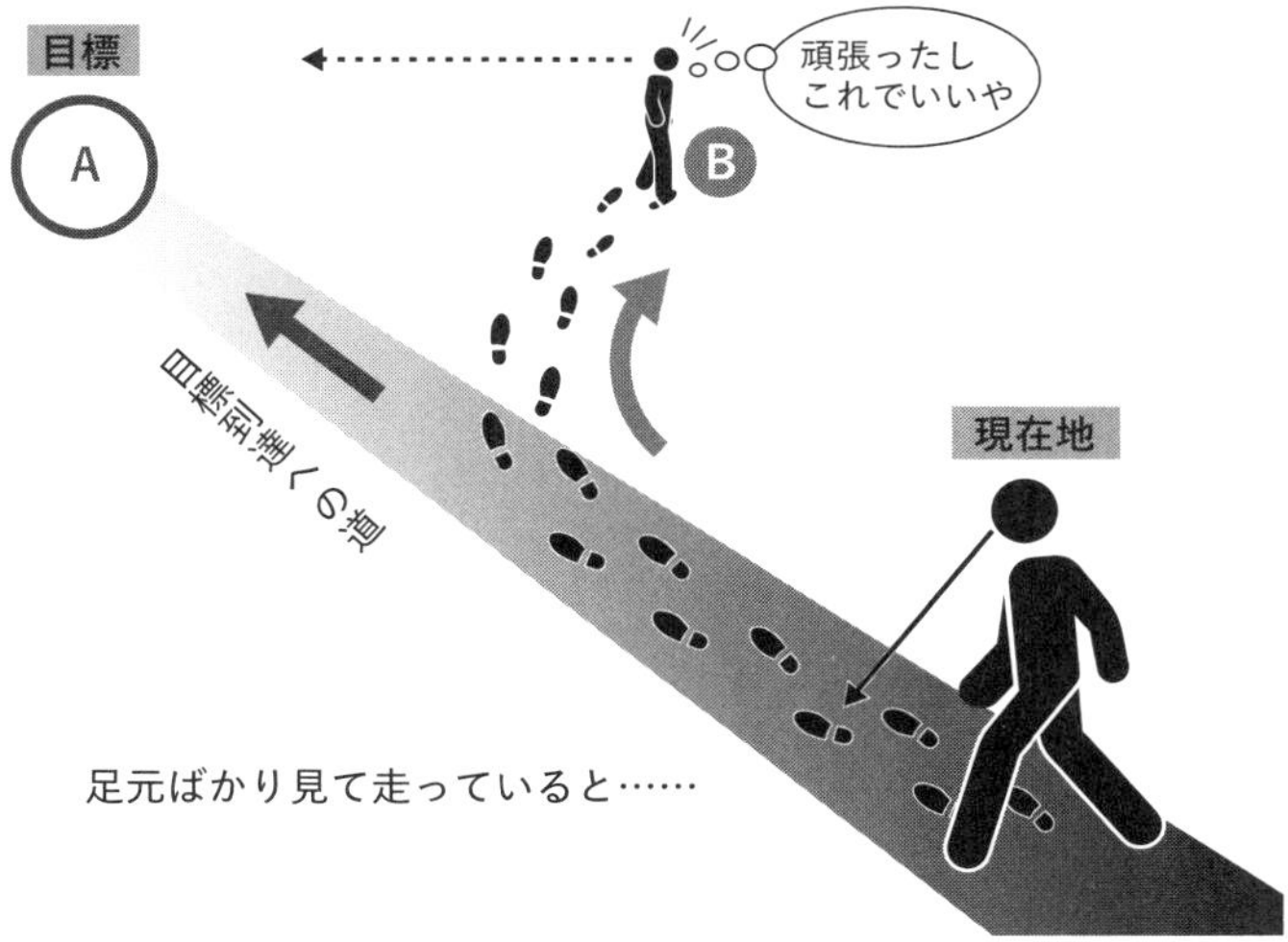

そのことに今も本当に感謝しています。

あの時、環境を変える勇気がなければ今の私には繋がっていません。良くも悪くも「環境の力」というのは私たち「個人の意志の力」までも凌駕《りょうが》してしまうのです。だから私は環境の力を「強力なドーピング」とも呼んでいます。

何かを得るほどの行動力が維持される代わりに、その先を見据えておかなければコントロールを失いかねません。

しかし、結局は環境の力も使い方次第です。非常に有用なこの力を手放す必要はありません。**要は「環境の力」とうまく付き合う術を身につければよいだけなのです。**

あなたも現在、必ずどこかの環境に属しています。ということは何かの強制力がかかっているはずです。

「今の環境に属し続けていればどうなるのか」に関しては、諸先輩方を見ていればわかります。非常に魅力的な人生を送っていればいいですが、そうでなければ環境を変える勇気は必要かもしれません。

あなたが自分の人生をコントロールしたいと本気で思うのであれば、自分の人生に有利になるように環境を選びましょう。

5

「環境の力」をうまく活用しよう

では次に「環境の力」を手に入れる方法について話していきます。

環境の力を手に入れる方法は、**環境を買う（お金・時間・能力を支払う）**か**環境をつくる（誰かと一緒に行う）**しかありません。

環境の力の正体は「強制力」です。強制力が手に入る場面を色々と思い浮かべてみてください。その環境の行き着く先にはどんな結果を得られる可能性が待っているでしょうか？　先を想像して環境を選ぶことが大切だということは前述した通りですが、どのような方法が自分に合っているかということも同じぐらい重要です。

ちなみにこの強制力をうまく組み込んで成功した会社があります。

皆さんもご存じかもしれませんが、「ＲＩＺＡＰ（ライザップ）」という健康・ボディメイク事業を行う会社です。

なぜあそこまで結果にコミットし、短期間に痩せることができるのでしょうか？

ほとんどの人が「どうすれば痩せるのか」その答えを知っています。

ライザップもこうすすめています。

「栄養はしっかり摂りつつも糖質を食事からカットする低糖質食事法と、1回50分ほどの筋力トレーニングを週2回行うこと」

誰もがこのような「痩せるための答え」は知っていますが、それを実現するために必要な「強制力」は持っていないのです。

ライザップはこれらの約束を必ず守ってもらうにはどうしたらいいか、行動経済学から逆算してその仕組みをつくりあげていったのでしょう。

「結果にコミットする」

このキャッチフレーズが物語っていますが、ライザップが競合他社と違うのは「人間を一定期間で変化させる強制力を提供する会社」だということです。

ライザップが用意した強制力は「高価なサービス」と「一流のトレーナー」です。

まさに「環境を買う」＋「環境をつくる」を一体にしたサービスであることがわかります。

通常のフィットネスジムよりも高額であり、採用率3・2%という狭き門を突破した優秀なトレーナーしか担当につけないというシビアな仕組み。

それほど優秀なトレーナーが日々の食生活をケアし、ボディメイクを手伝い、辛い時は励ましの言葉をくれるわけですから、運動する本人もおいそれとは裏切れません。

ある研究では「一緒に運動する仲間がいるほど継続性は高くなる」という報告もあることから、マンツーマンでの指導は非常に強制力があるといえます。

「自己実現の欲求」はそのまま「成長欲求」へと繋がります。

トレーナーと共に成長していく過程を幸福に感じることができれば、成長欲求はどんどん高まります。そして自然と新しい行動が習慣化され、結果に繋がるというわけです。

また、高額な料金設定も「元を取り返したい」という強制力を手に入れるのに一役買っています。この高い、安いというのは相場もありますが、「自分にとって割高か割安か」ということが重要です。

「相場より安い」「自分の年収から考えて安い金額だな」ということになれば元を取り返したいとは思うものの、そこまで真剣にはなれないでしょう。同じ金額のサービスを購入したとしても、自分のお財布の許容を超えるギリギリの決断をした人と、とりあえず余裕があるから購入したという人とでは手に入る強制力がまるで違います。

だからこそ、結果にも違いが生じてしまうというわけです。

商品の良し悪しやサービスの内容も大切ですが、私たちが環境を買って結果を出せるかどうかにおいては「値段」のほうが遥かに価値があります。

もちろん値段にあったサービスであることは言うまでもありませんが、ちょっと背伸びをして買い物をした時のドキドキ感、あのぐらいの興奮が伴わなければハードルは跳び越えられません。

この心理的な効果をほとんどの消費者は気づいていないのです。

環境を買って強制力を手に入れたい場合は、あなたが痛みを伴う「**決断の値段**」がいくらなのか？　それを知っておくことはとても大切だと覚えておきましょう。

「時間」や「能力」を対価として支払う

また、お金を払わなくとも環境を買うことは可能です。

それは自分の「時間」や「能力」を対価として支払う方法です。一般的には「就職」や「転職」などがこれに当てはまるでしょう。お金で環境を買うのが手っ取り早いのは誰もがわかることですが、自分の時間や能力という対価を支払うことで「新しい環境に入る」ことも可能です。

そしてお金で環境を買うのとは違う点があります。

それはほぼ確実に「強制力」は手に入るけれど、自分が求めていた強制力と大きく異なる可能性があるということです。

新しく入った会社で３ヶ月ほど過ごしてみたら、何か違う。

このままだと私が求めている結果には辿り着かない。

しかしすぐに辞めるわけにも……

という思ってもみなかった強制力を手に入れてしまい、そのまま抜け出せないケースもあるのです。

自分の時間や能力を支払って環境を買う場合は十分に気をつけましょう。

プロのルーティーンに学ぶ

他にも自分の行動をコントロールするためにできることはいくつかあります。

ここで有名なものをひとつ取り上げておきます。

私たちはなかなか自分との約束を守ることができません。

そんな中で自分との約束をできる限り１００％に近い水準で守り、結果を出し続けている人たちがいます。

それがプロと呼ばれる人たちです。投資のプロ、スポーツのプロ、セールスのプロ、マンガのプロ、将棋や囲碁のプロ、ゲームのプロ……。どの分野にもその道のプロの方々はいますが、共通点があるとすれば「自分との約束を一貫性を持って守り続けている」ということです。

もちろん彼らの技術などは一流ですが、それよりもメンタルや体調管理のコントロールにこそ重点をおいています。体調が悪い時や気分が乗らない時でも一定の結果を出すために彼らがしていることは何でしょうか？

それは「ルーティーン」と呼ばれる行為です。

例えば、ラグビー元日本代表の五郎丸歩選手が行ったキック前の独特なルーティーンは話題になりましたね。

ボールを2回まわしてセットして、助走は後ろへ3歩、左へ2歩。両手の人差し指を合わせて、左手の中指から小指までを折り曲げる。その上に右手の中指と薬指の先は少し宙に浮いている状態にして、右手の親指を内に曲げてその上に左手の親指を乗せる。

最後に手、ゴールポスト、手、ゴールポスト、手と繰り返し見てからキックを放つ。

とても複雑なルーティーンですが、どんな緊張状態であっても必ず自分で決めたルーティーンを行うことで自分の感情や思考をコントロールしていたといいます。

他には野球のイチロー選手も様々なルーティーンを行っていることで有名です。

・バッターボックスに入る前の一連の体の動き（パフォーマンスルーティーン）が常に一定

・睡眠は必ず8時間は取る

・不確定要素を入れたくないために一定のメニューだけを食べる（10年ほどランチはカレーだけ、その後はそうめん、うどんなど一定のメニューだけ）

このように一流のプレイヤーは、いつも自分が思い通りに行動できるよう意識的に習慣化された行動を取り続けます。こういった方法もコントロール力を上げるうえで非常に有効ですから、**自分のルーティーンをセットすることをおすすめします。**

ではどうやって自分のルーティーンを見つければよいのでしょうか。

まずはあなたの「やる気のスイッチ」を探し、それを普段のルーティーンに取り入れます。

そのルーティーンを行うことであなたのやる気が維持されるならすぐに採用してください。

あなたのやる気が起きる可能性のある行為は何ですか？

ここで一旦休憩し「やる気のスイッチ」を探すワークを始めてみましょう。

あなたのやる気のスイッチからルーティーンに取り入れられるものが見つかるかもしれません。

Work 6 「やる気のスイッチ」を探してみよう！

(例)
・音楽を聴く（テンションが上がる曲、集中力が上がる曲など） ・掃除をする
・コーヒーを入れる ・30分ランニングをする ・ストレッチをする ・お風呂に入る
・デスクまわりを整頓する ・ご褒美をセットする（頑張ればお菓子など）
・ペナルティを科す

第 5 章

自分をコントロールできた人たちのサクセスストーリー

1 自分コントロール率を高めると人生は変わる

第4章では「感情・思考・行動」をいかにコントロールするか、ということについて話してきました。

しかし、まだ具体的にどうコントロールしていけばよいのか、イメージできないという人もいらっしゃるでしょう。

ここからはわかりやすいように、私が過去に行った「1対1の個別コンサルティング」を通じて自分コントロール率を高めて成功していった方々の実例を交えながら、お伝えしていこうと思います。

色々な人のストーリーを聞くことで、自分に合ったやり方も見えてくるかもしれません。

今までに延べ300名以上の個別コンサルティングを行い、様々なケーススタディーを目の前で見てきました。

・感情に振り回されっぱなしだった人がパートナーと向き合い、一緒に学び始めた話

・自分へ質問をすることにより思考を変えて借金地獄から抜け出した話
・環境の力で行動を変えてトップセールスマンになったサクセスストーリー
・自分の本当に大好きなことを見つけて世界に旅立った大学生
・実業ではうまくいかなかった人が投資で大成功する話

などなど、今思い返しても様々なドラマがありました。

これらの中から「感情・思考・行動」の3つの要素をしっかりと意識できる事例をいくつかあげながら説明していきます。

2 他人を巻き込む（「受け取り方」感情のコントロール）

〈ケース1〉パートナー（妻）が投資に理解を示してくれないAさん

まずは夫婦間でのお金に対する問題を抱えているAさんのお話です。

Aさんは結婚されて子供も生まれたばかりでした。奥様は専業主婦で投資のことなんか全く興味がありません。むしろ危ない、自分には関係のないものだと思っています。

Aさんはなんとかお金の問題を解決し、未来の不安を払拭したいと考えていました。

コンサルティングを開始した直後のAさんは

「妻には投資や起業はダメだと言われそうで」

「お小遣い制なんで投資に回せるお金が……」

「子供が生まれたばかりなので時間もないんです」

このような感情に満たされていました。

そこでAさんにどんな人生を送りたいのか、どんな家庭を築いていくのが理想なのか、「もしも」の話で大丈夫なので想像してみましょうと伝えると、ようやく少し楽しそうな顔になりました。

次にそれは1人で達成可能なのか、と聞くと「妻の協力が必要です」と返ってきました。

さらに、そういった話はしたことがあるのか、と聞くと「ダメと言われるに決まっている」との返答を受けました。

ここでAさんの「受け取り方」を変える必要があると思った私は、家族で話し合う場を持つことを宿題にしました。

そう言うと非常に面倒なご様子でしたが、宿題をしないのであればコンサルティングは継続しませんと言い放ちました。

宿題は次のような内容です。

- 妻と話し合う時間を確保するためにお金を使う
- 何のために投資をしようと考えているのかを伝える
- 妻に日頃の感謝を伝える

・次のことについて妻に聞いてみる
「子供にはどんなことをさせたいか？」
「妻は投資や起業に対してどんな思い込みがありそうか？」
「なぜお金の話をしたくないのか？」
「お互いの両親や親戚のお金についてのエピソードはどんなものがあるか？」
「何が怖いと思っているのか？」

1ヶ月後、Aさんとお会いした時の表情は少し明るくなっていました。

出てくる質問がすべて「どうすればできるのか？」といった前向きなものに変わり、家族での夢ができたといった話を楽しそうに話し始めました。

その日はコンサルティングすることをやめて2時間ずっと話を聞いていました。

そうするとAさんは自分で話しながらあることに気づいていきます。

「思い込みの力の強さ」は良い方にも悪い方にも傾くということ、家族がいるという環境を自分の人生にプラスになるよう活かせること、そして人を巻き込むことで得られる心持ちとその責任についてなどです。

ご自身で気づいたことを言葉に出して言い放つその様は、まるで熱い思いを持った有名な講演家のようでした。

今まで自分の勝手な思い込みで口に出してこなかったこと、相手がどう思っているかが怖くて直接聞けなかったことなど、様々な話をしてくださいました。宿題だからと頑張って、奥様と一緒にワークをし始めると、たくさんの変化と気づきを得られたと言います。

受け取りづらい感情も意識的にコントロールすることで冷静に話し合うことができ、「もし受け取り方を前向きに変えることができたら……」と考えるだけで、ここまで心情の変化があるのだということにご自身で驚いていました。

奥様も最初は投資への理解がないようでしたが「何のために」というビジョンを示した時、その未来のストーリーの登場人物の中に自分とお子さんのイメージも見えたのでしょう。奥様はAさんが何のために投資をしたいのかという思いを理解した時、ようやく家族の明るい未来が想像できたと言います。

人は理解できないものに恐怖します。だからこそ相手にどんな考えがあるのかを共有するだけでも安心につながり、共感が得られた際は最高の味方を得たような感情で満たされます。

面白いもので、理解してもらえないと思っていた相手が最高の味方になったと感じただけで見える世界は一変し、気持ちも前向きになっていきます。

これこそが感情の受け取り方をコントロールできた際の成果といえるでしょう。

それから3ヶ月が経過した時、Aさんは自信に満ち溢れていました。

詳しく話を聞いてみると、最初の1~2ヶ月はお互いのお金に対する考えを話し合ったり、感情の受け取り方を意識的にコントロールしてみたりしたとのこと。

子供が生まれて忙しい中、うまくいくことばかりではなかったけれど、確実に夫婦で話し合う時間が増えていったというAさん。

お小遣いの中でやりくりして奥様とゆっくり話すための外食にお金を使ったり、日頃の家事や子育てへの感謝を伝えたりすると少しずつ変化が訪れました。

もちろんこれも立派な自己投資です。

「夫婦で話し合うことで妻の考えも理解することができ、とても建設的な会話ができるようになった」「妻に抱いていた感情や勝手な思い込みを外すことができ、フラットに家族の将来についてよく話し合うようになった」と言います。

そして、そのうち奥様のほうからも声をかけてくれるようになったそうです。奥様もAさんの本気さや変化に心動かされていったのでしょう。結果として、心情の変化が奥様にもよい影響をもたらしました。

「周りを変えたかったら自分を変えろ」とはよく言ったもので、自分の気持ちや行動が変われば、周りの人も巻き込まれていくのです。今では土日に投資の勉強会や起業セミナーに参加したり、一緒に家計簿をつけるようになったとのことでした。

最初は「自分だけで何とかするしかない」と諦めていたAさんでしたが、思い切って奥様と正面から向き合って話し合ったことで、理想が現実になっていくイメージが描けていったようです。

それから6ヶ月後にAさんとお会いした時は奥様も同席されるようになりました。そこからは毎月財務諸表を確認し、カフェで反省会をされたり、少しずつですが実際にお金を運用する経験を一緒に行っているようでした。

共に経験することの価値というのは非常に大きく、人を巻き込む力が最も効果を発揮する部分ともいえるでしょう。

このようにパートナーや家族がいるという環境をうまく活用することができれば、自分のコントロール率UPが期待できます。

誰かがいるからこそ自分との約束を果たす確率はグッと上がるものです。

自分だけだとなかなかうまくいかないという方は、家族や親友、メンターやインストラクターの方を巻き込んでみましょう。そうすれば非常に大きな強制力を獲得し、自己投資した分を早期に回収することができるはずです。

全くパートナーが理解してくれない場合

話し合いの場を持っても残念ながらパートナーが一向に理解してくれない、という場合もあるかと思います。

今までのあなたの行動が信頼に足るものではなかったというケースもありますし、単に過去のひどいお金のトラウマなどにより、思い込みがなかなか外れない場合もあります。

自分の感情の受け取り方はコントロールできますが、相手をコントロールしようとしてもいい結果には結びつきません。

そういった場合はどうすればよいのでしょうか?

「自分が責任を取れる範囲で行動して背中を見せる」

これしかありません。相手に迷惑をかけない範囲から始めてください。

どうしても迷惑をかけてしまうという状況はただ怠けているだけなので割愛しますが、それすらもできないというのは夫や妻のせいで自分が動けないんだという「言い訳」に利用しているだけです。

よく私もそういったお客様に会うことがあります。

「御社のサービスに興味があるのだけど妻（夫）の許可が得られないので……」とおっしゃる方がまさにそうです。

厳しい言い方になりますが、奥様や旦那様といった一番の理解者からすら協力を得られないのであれば投資や事業で成功することは難しいと思ってください。

まずは自分が責任をとってやってみる。

その背中を見て周りの人はあなたへの評価や価値を決めるのです。

誰かの許可がなければ何もできない人生を送っていては必ず後悔します。

もしもこの話に思うところがある人は、自分が動けないという言い訳に大切な人を利用するのはやめましょう。

問題は周りではなく自分にしかありません。

そして自分しかコントロールすることはできないのです。あなたが先頭に立ち、自分で自分の人生をコントロールしようと生きる様を見せることでパートナーやお子さんも考えが変わるでしょう。

まずは自分が変わること。

それから巻き込む力が徐々に発揮されていくのだと思ってください。

3

正しく測定する（「質問力」思考のコントロール）

〈ケース2〉借金返済に追われ考えることを放棄していたBさん

次に借金返済に追われ日雇いのアルバイトで生計を立てていたBさんのお話です。

Bさんは人が良く頼まれたら断れない性格で、つくった借金は知人に投資話で騙された挙句に負ったものでした。

それ以来Bさんは人を信じることが難しくなり、できるだけ人と関わらないで稼げるアルバイトなどを自ら選んで生活していました。

本来は投資可能な財務状況でない方のコンサルティングをすることはなかったのですが、Bさんは偶然にもご縁があった方で、何としても今の状況から抜け出したいので力を貸して欲しいと頼まれて始まったものでした。

Bさんは借金返済の生活から抜け出したいとは思っているものの、アルバイトで疲れ果ててはストレス発散のために残ったお金を使ってしまう生活を1年以上続けていました。労働すれば今日、明日は過ごせるという状況が楽だったので、彼はある時から「思考」することを放棄していたようでした。

しかし、なかなか減らない借金や迫りくる将来への不安から、ついに私に相談をしたといった状況です。

まず私が最初にBさんと行ったのは「正しく測定する」という行動でした。

感情的にネガティブでなかなか気持ちを切り替えることができない方には、物理的に理解してもらうほうが早い場合もあります。

嫌なことではありますが借金の残額やそこに至った経緯、バランスシートの状況という内容を細かく測定していくことから始めました。

その他にも思考を放棄させないために様々な質問を用意しました。

・このまま過ごせば10年後どうなるか？
・どうすればこの借金地獄から抜け出せるか？
・どうすればストレス発散にお金を使わずにすむか？
・どうすれば借金の元金を減らせるか？
・借金を完済した達成感で終わらないためにどうするか？
・借金を全額返済できた後はどうしたいか？
・借金を支払うという強制力を活かす方法は？
・どうすればもっと収入を得られるか？
・どうすればもっと支出を抑えられるか？

普段何も考えず働くことに慣れてしまったBさんは、慣れない質問に思考を使わなければならないので苦しそうでした。ですが、自分で考える、質問するという行為を繰り返すうちに、問題点と解決すべきものがいくつも出てきたのです。

まず驚いたことに、人が良く断れない彼はとても割の悪い利率で借り入れを行い、月々の支払いが楽になるからとリボ払いでのローンを何社も積み上げてしまっていました。

確かに月々の支払いは少なくなりますが、これでは元金がなかなか減りません。

「今すぐ楽になることよりも未来をよくするためにこの数年を捧げられるか」と聞いたところ、覚悟を決められたので抜本的な改善を行うことになりました。

まずこのままの返済の仕方では何年経っても全く生活が改善しないことを確認し、借金の借り換えやリスケのシミュレーションをするところから始めました。

ところが彼の場合は借り換えてもあまり効果がないことがわかり、素直に「繰上げ返済」をすることでバランスシートの改善をしていくことになりました。

幸いアルバイトで得ていた給料から生活費と返済額を差し引いても手残り（フリーキャッシュフロー）はあったので、そこから逆算していきます。

ただ、そのまますべてを返済に回すだけの生活だとBさんのモチベーションを維持することが非常に難しいと考えた私は、手残りの中から「①繰上げ返済に回すお金」と「②自分の未来に使うお金」に分けていく方法を提案しました。

Bさんの場合はアルバイトなどの収入が16万円、生活費が10万円、借金返済が2万円、手残りが4万円という状況でした。

普段ならその4万円をストレス発散に使ってしまうのですが、グッと堪えていただき、手残りの4万円を2つに分けました。

①3万円を「繰上げ返済」
②1万円を「自分の未来に使うお金」

こうすることで年間36万円の繰上げ返済が可能になり、自分の未来に使えるお金も年間で12万円残せたことになります。

もちろんその12万円も繰上げ返済に使ってしまっても良いかもしれませんが、Bさんが借金完済を達成した暁にはすぐに次の目標に向けて資金を使えるようにセットしたのです。当然ながら、借金を完済するまで手をつけることは許されません。

せっかくなら借金をしているという今の状況をうまく活用し、借金が全額返済できた時にはすぐ動けるよう、未来の自分のためのお金も同時につくることで、非常に高いモチベーションを維持することができます。

このように自分の未来が楽しくなるような仕掛けを用意することが重要です。

また、こうすることでBさんの感情の受け取り方にも変化が起きました。

借金中だと何かとネガティブに考えてしまい、普通の状況に戻るまで新しいことはできないと考えがちです。しかしどんな内容の借金をしたとしても借金は借金でしかなく、ただ返済するだけです。変な思い込みで自分を縛る必要はありません。

むしろこの状況から脱出できたとしたら、自分をコントロールする術をマスターできるかもしれないのです。そう思えたBさんは今の借金の返済をしている期間を、自分を鍛え直す修業期間のように受け取ることができたと言います。

男の子なら修業と聞くとワクワクするものですね。

意味付けを少し変えるだけで人は面白いように感情の変化を起こすことができます。

次にBさんと借金を完済した後はどうしたいのかという未来についても話し合いました。

借金を返済するという強制力により支払いを続けることはできても、いざ返し終わった時にその達成感でまた元の堕落した生活に戻ってしまってはもったいないと思いませんか？

そう質問した私に対してBさんは「不労所得を得てお金を気にすることなく自分の好きな飲食関係の仕事がしたい」と話してくれました。

なるほど、それでは「返済中のプラン」と「返済後のプラン」の2つを一緒に考えてみましょう、と私も一緒に話を聞きながらプランを練り始めました。

1ヶ月後にBさんと会った時、彼の目には希望が宿っていました。

今まで自分がどれだけ思考せずに労働していたか、そして働くだけでは問題解決にならないことに気づきながらも、見ないふりをしてきた自分と決別する覚悟ができていました。こうなったら早いものです。

さらに借金以外の支出や収入を測定し、改善を図ることにしました。

出会った当初のBさんは「これ以上は働く時間が割けない」「この仕事しかできない」といったネガティブな考えを持っていましたが、明確な目標ができた今は違いました。

今までは人とできるだけ関わらずに働けるアルバイトに限定して求人情報を見ていましたが、早期に借金返済を実現すべく選択肢を増やす行動を取れるようになっていました。

Bさんの平日の動きや土日の予定などを検討し、無理なく働ける職種を探しました。また、どうせ働くのであれば学ぶために働いたほうが必ずプラスになるというアドバイスもしました。飲食に携わる仕事を将来的にしたい意向があったので飲食店かつコミュニケーションを学べる仕事に就きました。

加えて、空いた時間では無理のない範囲で日雇いや新しいアルバイトにも精を出して働くことになりました。今までは覇気もなく働いていたBさんが借金返済への現実的な道筋を見据えられたことで顔付きまで変わっていきました。

それからさらに3ヶ月後、彼のバランスシートは大幅に改善していました。

収入が25万円、生活費を抑えて8万円、借金返済は変わらず2万円、手残りが15万円と明らかな努力の結果がそこにはありました。しかし全く苦になっている様子はなく、自分を管理してここまで改善できるものなんだという自己肯定感に包まれているようでした。

自分の見える景色が一変し、借金があることが重荷ではなく自分を鍛え上げるチャンスなんだと受け取れた時、彼の思考は未来に向いていました。

こうなるとさらに改善したくなるのが人の性なのでしょう。

とりあえずは手残りの15万円のうち10万円を繰上げ返済に回し、5万円を自分の未来に使うお金にしました。これで1年後には120万円の繰上げ返済と60万円の未来に使えるお金を残せたことになります。

また繰上げ返済が進めば、リボ払いでない方なら、毎月の支払額も減りさらに改善が進むでしょう。良いサイクルの始まりです。

Bさんの場合は返済額を一定にすることで、強制力をあえて逆手にとっているようでした。それからしばらく経って彼から連絡をもらいました。

彼の残債は当初300万円ほどありましたが、コンサルティングを開始しておよそ2年も経たずに全額返済したとのことです。

きっとあれからさらに努力を重ねたのでしょう。

Bさんと再会した時の話は今でも覚えていますが、「借金がなくなる瞬間が近付いていている時、逆に怖くなった」とおっしゃいました。

「この強制力があったからこそ継続できたのではないか？」

「返済が終わったらまた堕落し始めてしまうのではないか？」

そういった不安があると質問されたのを覚えています。

私が返済後のプランはどうですかと切り出すと、それはしっかりと準備できていますと答えてくれました。彼の未来に使えるお金はすでに100万円を超えていたのです。

そこで彼は自分を律するために少しはよくない借金をしようと考えていたようでした。

それならばと、私が次に提案したのが「寄付」でした。

借金をした人に共通しやすいのが「自分は豊かではない」という感情を持ちやすいということです。

これはなかなか改善されないと思いがちですが、寄付をすることで「自分は周りに豊かさを分け与えることができる人間なんだ」という自己肯定感を得ることができます。1年も続けることができればきっと自分は豊かだと思えることでしょう。

偽善だと思う必要はなく、「自分のために」寄付をすればよいのです。

もちろん寄付をする先はしっかりと納得がいくまで調べてからにしてください。

それを聞いたBさんは当初の返済額と同じように月に2万円の寄付をすることを心に決めました。

少しもったいないと思う方もいるかもしれませんが、Bさんにとってはとても気が楽になるとのことでした。彼は彼で強制力を手放したくはなかったのでしょう。

それからBさんは少しずつではありますが不労所得も得て、自分の大好きな仕事にも着手できるようになり笑顔が増えた印象でした。

すぐにお金持ちになりたい気持ちは誰もが持っていますが、こういった自分を律する期間を持てる方は必ず成功します。

少なくともBさんが今後お金で苦労することはどんどん少なくなっていくでしょう。

もし、今あなたのお知り合いの中に借金で苦しんでいるという方がいらっしゃればこう伝えましょう。今の環境を自分を鍛え直す期間だと思うことができれば、必ずその瞬間から人生を変えることはできると。なかなか感情を前向きに変えられないと思うなら、まずは自分に前向きな質問をするように心がけてください。あなたの脳はきっと解決策を導き出してくれるはずです。

あなたの努力は正しく測定できているか？

自己投資をするうえでの注意点として「あなたの努力を正しく測定する」という考え方があります。

第3章の「時間」の部分でも触れましたが、あなたが思っているよりも未来に投資できる時間はありません。

1日に自由な時間は「約2時間半」だとすると1ヶ月で75時間、土日やお休みの日はもう少し自由にできる時間があったとしても頑張って「5〜6時間」追加できるかどうかでしょう。つまり合計で1ヶ月に「約120時間」ほどしか時間をつくることができません。

その時間を人生を変えることに「投資」していくわけですが……。

120時間ということは「約5日分」です。

1ヶ月人生を変えようと必死に取り組んで5日分、それを半年続けてようやく未来を変えるための行動に「1ヶ月分」取り組んだことになります。

ここで問題となるのが「体感時間」です。

多くの方がお金持ちになろうと目標を掲げても、半年も経たないうちに諦めてしまうのは「取り組んだ分の時間に対して少ない成果しか得られていない」と感じてしまうからです。そうなると成果の得られないパイプラインづくりを放棄して、日々すぐに成果がもらえるバケツ汲みの仕事に戻ってしまいたくなる気持ちもわからなくはありません。

これが継続できない理由のひとつでもあります。

実際には1ヶ月分しか取り組んでいないのだとしても、私たちは半年間もの「日常」を過ごしています。だからこそ「半年も頑張ったのになぜ成果が出ないのだろう」と悩み始めます。思い込みとは恐ろしいものです。プランを立てた最初の頃は希望や期待の感情だけで走れますが、いつしか成果が出ていないことに疲れて息切れしてしまいます。こうなると「自分には向いていないんだ、やっぱりできないんだ」という思い込み（バイアス）に囚われてしまい、ついには諦めてしまうのです。

しかし、努力した分だけ正しく評価できていれば話は変わってきます。

半年間、一生懸命、自分の未来を変えるために自分の時間を投資したとしても、やっとこさ「1ヶ月分」だけ取り組んだと理解していればどうでしょう。

「1ヶ月分取り組んで、これだけの成果であれば十分ではないか」

そう感じることができるかもしれません。もしも納得のいかない成果であれば、正しく自分を叱ることも可能です。私たちはいつも思い込みによって自分を苦しめてしまいますが、思い込みはちょっとした事実の確認で簡単に外すことができます。

正しい努力の評価とは、『自分が投下した時間』を正しく測定し、その投下した時間でどこまでやれたか」を確認することです。

間違った思い込みで「こんなに長く努力しているのに自分はダメだ」とレッテルを貼ってしまうのも自分です。そうしてチャレンジしては諦めてを繰り返していくうちに、本当に何も行動できなくなってしまう人もいます。そうならないためにプランを立てる前に知っておいてください。

あなたの立てたプランを実行する際は正しく測定する必要があるということを。

4

成果を感じやすい小さな成功体験を重ねる（「環境の力」行動のコントロール）

〈ケース3〉証券業界でトップセールスになったCさん

最後は証券会社の新人営業マンだったCさんが、トップセールスになるまでのお話です。

Cさんは証券会社で訪問営業を続けていましたがなかなか成果が出ず、同じ証券会社出身の私のもとへセールスコンサルティングを受けにきました。

Cさんは非常に人に好かれやすく、いつの間にか相手の懐に入り込む能力を持っていました。

しかし、人間関係がゼロの状態での訪問販売は経験がなく、うまくコミュニケーションが取れずに自信をなくしていました。

証券営業とは非常に厳しいものです。

私も証券会社に勤めていた時には、地図だけを渡されて、それを片手に個人宅への訪問営業を中心に行いました。

リストが用意されることもなく、あっても電話帳から引っ張ってくる法人のリストぐらいでした。

会社によって違いはありますが、一般的に月間の新規口座件数5件、預かり資産で3000万円ぐらいが新人の最低ラインの目標です。

真夏でも関係なく背広を着て、背中から塩をふきながら1日100件以上も訪問したり、電話外交も1日300件はかけたりするのが当然の世界。

慣れない人はおよそ半年も持たずに会社を辞めてしまうでしょう。

今はそうではないかもしれませんが、ひと昔前の証券会社の新人というのはどこに行ってもそれが当たり前だと言われる時代でした。

塩を撒かれたり、ホースで水をかけられたりする中でも、毎日頑張って外回りをしているCさんを見て、私も久しぶりに熱を持ってコンサルティングをしたのを覚えています。

まずCさんと行ったのは「小さな成功体験を重ねる」という目標を立てることでした。

行動力があったCさんですが、何も考えずに飛び込んでしまうだけでは成果も積み上がりません。「なぜ人は断るのか」ということを理解してもらい、それから行動して成功体験を積み上げることを第一目標としました。

「なぜ人は断るのか」とCさんに尋ねてみたところ、あまりピンときていなかったので、自分が新聞や訪問販売の営業を受けた時どのような気持ちだったか、という感想から聞くことにしました。

・しつこくて嫌だった
・全く知らない人からの営業は怖かった
・お得だとか、今だけだとか、洗剤をあげるとか言われ意味もわからないまま契約してしまった

嫌だったのに契約してしまったことには笑ってしまいましたが、案外気持ちは素直で的を射ていました。

人は「警戒心」と「売り込まれたくない」という2つの防衛本能を持っているから断るのです。

逆を言えばこの2つが解消されたならば断ることはありません。

誰でも素性のわからない人は警戒しますよね。

この「誰なのか」という部分が解消されれば警戒心は下がります。

はじめての方と話す時に「地元が同じ」だとか、「同じ大学を出た」といった話が出ると急に話しやすくなった経験はありませんか？

これは「自己開示」と呼ばれ、自分が何者であるかということをしっかりと開示することで相手の警戒心を下げる効果があります。

次に「売り込まれたくない」という気持ちですが、これは第3章のセールスの部分で話したように、人は「自分を理解してくれている人から買いたい」のであって、それ以外の人からは買いたくないという心理が働きます。まずはこれら2つが断られる理由であるとCさんに納得してもらいました。

すると「自分が否定されていたわけではないんだ」という心持ちになることができたCさんは、また訪問営業をする勇気が湧いてきたようでした。

私にも経験がありますが、何度もピンポンを押して断られる毎日を過ごしてしまうと「自分自身の存在を否定されているのではないか」という気持ちになってしまいがちです。これはすべての営業マンに思い当たる節があるはずです。

ですが、はっきり言います。あなたが否定されているわけではありません。

あなたが否定されたと思ったその瞬間も、よく思い返してみてください。

相手の立場になればきっと同じ対応をしたと思いませんか？

人は相手を嫌いになるにも理由が必要です。

誰だって知らない人から売り込まれるのは怖いし嫌なだけなのです。

「誰だ？」と「売り込まないで！」ということの2つがあるからこそ断られるのであって、それさえ解消されれば次のステップに進むことができます。

それを知ったCさんはどうすれば次のステップに進めるかワクワクしていました。

営業という世界は今日知ったことをすぐに試すことができる環境があります。

これは小さな成功体験を積むのに非常に適した環境といえるでしょう。

次にCさんに伝えたのは「相手の話を引き出す」ことだけに集中する、というステップでした。アポイントを取らなくてもいい、物を売り込まなくていいと聞いてCさんは少しホッとしている様子でした。

「自分を理解してくれている人から買いたい」がセールスの基本であるのですから、次のステップはいかに相手を理解することができるかというところから始めなくてはいけません。そこで今までの営業アプローチを一気に変えて、商品を売り込むトークスクリプトから「相手を少しでも知るためのトークスクリプト」をつくることにしました。
そのために必要なことは何か、Cさんに質問をしながら、たくさんのアイデアを出してまとめていきました。それが次のようなことです。

【事前のリサーチ】

・その人が勤めている会社の情報などがないかをネットで検索

【訪問時のリサーチ】

・ゴルフバッグがあればゴルフが好きかもしれない
・お花がたくさん咲いていればお花が好きかもしれない
・その人が身につけているものは？

【地域のリサーチ】

・最寄り駅周辺での美味しいお店は？
・周辺地域のイベント情報

実は相手の情報というのは注意深く観察すれば把握できることも多いのです。名探偵になったつもりで相手の変化に気づけるようになりましょう。

これはコミュニケーション能力を高め、相手から信頼を得ることができるスキルでもあります。営業の仕事をしていないという人も仲の良い友達やパートナーの変化を注意深く観察し、その変化に気づいたら、それとなく伝えてみてください。思わぬ人間関係の向上に役立つでしょう。

これをセールスの世界では「相手の興味領域を類推するスキル」として活用しています。

誰でも自分の興味があることはついつい話し込んでしまうものです。

自分の大好きな話題に一度なってしまえば、嫌いな相手であっても話してしまいますし、わかったような話をされたので反論したいという気持ちで話し始めるケースもあります。

理由は何でも構いませんが、どれだけ相手の興味領域で会話を展開できるか、これが最初のきっかけとなります。

では、どのように声をかけて繋げていくのでしょうか？

この時は私が営業マン時代に使っていた最強のトークスクリプトをCさんにプレゼントしました。

せっかくなのでこの本を読んでくださっている皆さんにも実際に私が使っていた訪問営業のトークスクリプトをご紹介しましょう。

私「(ピンポン) はじめまして、〇〇証券の園原と申します。」
相手「はあ (なんだ営業か)。」
私「実はこの地域の担当となりまして、ぜひご挨拶と1000万円ほど資産運用のご案内をさせていただけないかと思いまして。」
相手「(やっぱ営業じゃん) あ、うちは投資していないので必要ありません。」
私「そうですか、わかりました。」
相手「(……ん?　やけに素直に引き下がるな、新人さんかな?)」
私「ではすぐに帰りますので、『1つだけお伺いしてもよろしいでしょうか?』」
相手「(ん?) まあすぐに終わるなら……。」

この後に質問する一言ですべてが決まります。
ほとんどの営業マンはここで商品の売り込みを始めてしまいます。

そうなればもう相手はシャットダウン。聞く耳を持つことはないでしょう。
せっかくいただいた大事な機会を潰してしまいます。
では次の一言で何を言うのか？
それこそが「相手の興味領域」を引き出す話題です。
例えばゴルフ用具などが外に置いてあった場合、

「お庭にゴルフのセットが置いてあったのですが、この辺りに練習場があるのでしょうか？　実は私もゴルフが好きなのですが、あまり土地勘がないもので。」

ここから先はもう想像がつきますね。

相手「ここから2キロ先に打ちっぱなし場があってね〜。」
私　「そうなんですね。やはりよく行かれるんですか？」

そこから2時間立ち話が続いたなんてことはザラでした。

そして面白いことにこうやって話し込んでしまえば警戒心はほとんど解かれています。「何だ普通の好青年じゃないか、自分の息子や孫みたいだな」と思う人もいるでしょう。そしてある程度話し込んだ後、こう締めくくります。

私「いきなりの訪問にもかかわらず、丁寧にお話ししてくださり本当にありがとうございます。私は資産運用の仕事を通して成功されている方のお話を真剣に伺いたいと心から思っております。もしチャンスをいただけるなら一度じっくりとお話を聞かせていただくことはできませんか？　その際に投資商品を販売することは決して致しません。約束致します。お客様と信頼関係を築けた後、こいつになら任してやってもいいと思えたならば使ってやってください。」

こう話すとほとんどの方が「次も売り込まないと約束しているしな」と安心し、次回の「着座」をいただけるようになります。「着座」してじっくりと話を聞いてもらえる機会を得なければ、高額な商品を売ることはまず不可能でしょう。

もしも立ち話で「ああ、いいよ」とポンと１０００万円ほど出されたならば、逆に怪しいと思ったほうがよいかもしれません。危険な目に遭うことも少なからずあるからです。

今回はゴルフ用具で例えましたが、話のきっかけは無限大です。

それこそ玄関から出てきた人の服装の話題や、飼っているペットの話でもいいですし、綺麗なお花が咲いていればお花の話題でも構いません。

もし、どうしても思いつかなければその地域についての質問をすればいいでしょう。近くに美味しいランチができる場所やカフェなどはないか、など害もなく話しやすい話題というのはいくらでもあります。

人は自分の興味がある話に関して余程のことがない限り、口を閉ざすことはできません。

ご紹介したトークスクリプトに実は大事なポイントがいくつかありました。

まず「あえて断りやすい話を振る」ということです。

ほとんどの営業マンは少しでも会話や電話を長引かせようとします。気持ちはわかりますが、相手の立場にたてばイライラが募るしかありませんよね。

だからこそ、最初に断りやすい提案をするのです。

今回の場合は「1000万円ほど資産運用の提案に来ました」なんて言ったものですか

ら「何をいきなり言っているの？」と断りやすかったことでしょう。

そして相手から「帰ってくれ、結構です、必要ありません」という言葉を引き出します。そこで次にそれをすんなりと受け入れてあげるのです。

帰れと言われたら「わかりました、すぐに帰ります」と。この辺りは言葉のテンポなども重要にはなってきますが、相手の要望をすぐに聞くことで次の質問が通りやすくなります。そして最強の一言、「1つだけよろしいですか」です。

帰ってくれという要望を1つ聞いているので「返報性の法則」が働き、「まあ1つぐらいなら聞いてやるか」となりやすいのです。

「返報性の法則」とは、人から何かしらの施しを受けた時、「お返しをしなくては申し訳ない」という気持ちになる心理作用のことです。

この法則をうまく使い質問をさせてもらう機会をいただくというわけです。

そしてここから相手の興味領域の話を展開することができれば、その相手と人間関係を構築していくチャンスを得ることになります。

ここまでを第一ステップとし、Cさんに早速この話法を使い訪問営業をしてもらいました。そうするとたった1日営業に行っただけなのに、何時間も話をしてくれた人が何人も出てきたというのです。

元々人の懐に入るのが得意だったCさんは、相手のことを理解しようと一生懸命努めました。

この経験はCさんの営業のやり方を根底から覆すほどのインパクトがあったようで、のめり込むように背広に塩をふきながらピンポンを押して訪問営業を続けていきました。

すぐに商品が売れなくても、アポイントが取れなくても、相手を少しでも理解できたという「小さな成功体験」を積んだCさんはどんどん自信をつけていきます。

着座が取れた後でもしっかりと目の前の人を理解しようとする彼の熱意に応えるように、お客様が増えていき、その状況に彼は驚いていました。

そしてついには商品提案を一切行わずに大切な資金をお預かりさせていただけたと報告が来ました。まるで魔法のようにうまくいきびっくりしていますと喜んでいました。

そこから先もしばらくは小さな成功体験を積めるようにコンサルティングしていましたが、いつしか私が何も言わなくても彼は自分で組み立てることができるようになっていきました。それからのCさんは「どうしたらいいですか?」ではなく「こうなりました!」という報告をしてくれるようになりました。

このように小さな成功体験であってもコツコツと積み上げることで、大きな成功に繋がるのだと確信したCさんは、その勢いのままたった1年ほどでトップセールスマンになりました。

自分事のように嬉しい気持ちになれたことを今でも覚えています。

5 注意すべき「自己投資マニア症候群」

最後に「自己投資をする際に注意すべきこと」についてお話しします。「自己投資」という言葉の範囲は広く、意味を間違えて使っている人も多いでしょう。

私が考える自己投資の解釈は「自分をコントロールする能力を高めること」だと伝えてきました。ですが自己投資も投資なのですから、もうひとつの側面があることは当然といえるでしょう。それは「回収しなければ成功とはいえない」ということです。

自己投資といえども「投資」なのですから、しっかりと元手を回収してリターンを得なければなりません。しかし現実は「これは自己投資だ」と言いながら、ただ浪費して満足しているだけの人たちが目立ちます。身に覚えのある方も多いかもしれません。
かくいう私も昔は自己投資だと言いながら、散財した経験をたくさん持っています。
例えば……

・その瞬間だけポジティブになれる高額な自己啓発セミナーに参加
・体を鍛えると言いながら1年以上通わなくなったジム代
・健康を保つために買ったけど、使わなくなった器具や飲まなくなったサプリメント
・使う予定のない資格を取るための講座や教材キットの購入
・自分探しと称した実りのない海外旅行
・人脈を増やすためと言いながら上辺だけの付き合いしかしなかった交流会やイベント
などなど。

今思い返しても恥ずかしいものです。
あなたも似たような経験をしたことはありませんか？
私も含めてそういった人は「自己投資マニア」とも呼ばれますが、実はお金を浪費して

何かを得た気になっているに過ぎません。

何も回収できていないのならば、それは自己投資ではなく間違いなく浪費です。

これがひどくなると、お金を貯めては自己投資だと言い張り、高額なセミナーに何度も参加するようになっていきます。

その時だけは気持ちいいのでよいことをした気になるのですが、私はこの状態を戒めをこめて「自己投資マニア症候群」と呼んでいます。

この状態から脱するには、回収できたかどうかを1つずつ確認し次のステップに進むという考えを持たなければなりません。

例えば、自己投資と称して自己啓発セミナーに50万円を払ったとします。そのセミナー終了後にしっかりと行動を起こし、50万円以上の回収ができたのであれば問題ありません。どうぞ次の自己投資を行ってください。

でも、50万円回収できていないのならば、また新しい「何か」に飛びつくのではなく、なぜ回収できないのかと考えを巡らすことが重要です。

もちろん、単にお金を回収できたかどうかだけがすべてではありません。

「あなたが投資したお金や時間以上の価値」を回収して、はじめて成功したといえます。

つまり、50万円のお金を回収することができなかったとしても、それに見合うだけの価値を回収できたのであればうまくいったといえるでしょう。

ただし、心からそう思えるかが大切です。自己投資をする際は、どんな場合であっても「必ず回収する」という覚悟は持っておきましょう。

第6章

自分コントロール率20%以上を目指す

1

自分コントロール率「レベル3」を目指す

第5章では3つのケースを紹介してきましたが、いかがでしたか?

自分に合ったやり方をイメージできたならば嬉しく思います。

ただ色々な方のケースを読み進めていく中で、ひとつの疑問が浮かび上がってきます。

それは「どの程度自分をコントロールできていればよいのか?」という疑問です。

もちろん自分を100%コントロールすることができれば言うことはありませんが、人間は必ずミスや失敗をする生き物です。完璧になどなれるはずもありません。ですが、コツコツと自分コントロール率を積み上げて、一定の成果は出していきたいですよね。

では、何%ぐらいの自分コントロール率があれば合格なのでしょうか?

少なくとも私は「**自分コントロール率が20%以上**」あれば、合格と考えてよいと思っています。

簡単に言えば、**自分をコントロールするということは「自分が決めた約束事」をちゃんと守っていくということ**です。

自分との約束を100%守ることができる人はなかなかいません。

ただ、「100%やろう」と決めて少なくとも20%以上達成することができたなら、その努力は着実に明るい未来に繋がっていくでしょう。

当然コントロール率が上がれば上がるほど結果は早く出るものですが、完璧を求めすぎるとかえってストレスが溜まり、うまくいかないこともあります。

完璧である必要はありません。少しずつでも積み上がっていけばよいと考えてください。完成に近づく過程を楽しむ余裕があるほうがうまくいきやすいものです。

さて、下に私が考える「自分コントロー

自分コントロール率のレベル表

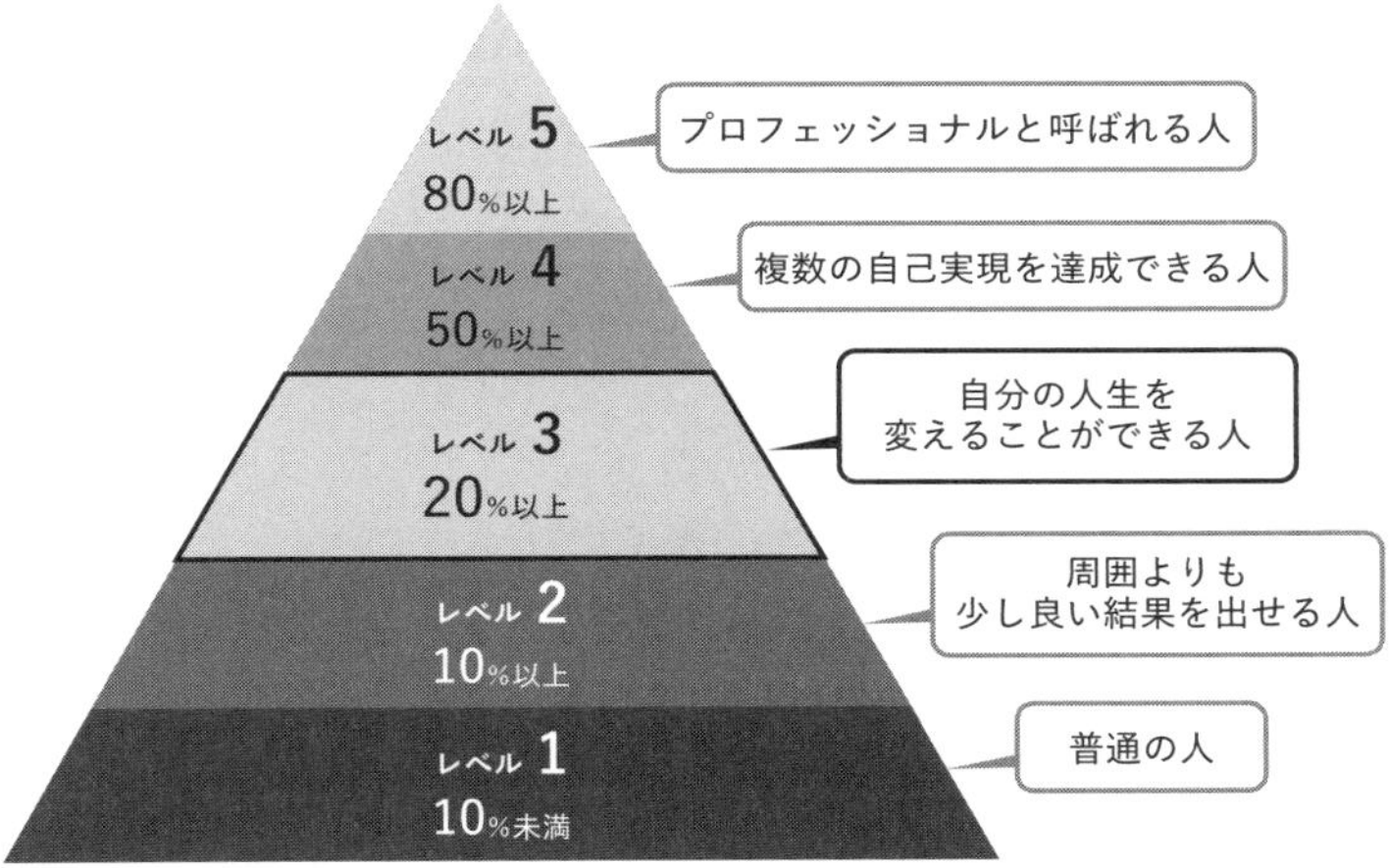

ル率のレベル表」を用意してみました。

何とも勝手なレベル表ですが、私が個人のコンサルティングを通じて多くの方を見てきた経験から導き出しました。

もしも、あなたの周りに「80％以上自分との約束を守れているよ」という人がいたとすれば、それはもう「レベル5」のプロフェッショナルと呼ばれる人たちと同じです。

実際のところ、50％以上自分をコントロールできている人は少ないでしょう。

そもそも自分をコントロールしようと思ったら意識的に行動しなければなりません。この時に脳は活発に活動しますが、ずっと意識し続けることは負担がとても大きいため、長続きしません。ある程度は意識して行動できたとしても、普通はすぐに本能にバトンタッチしてしまいます。

また、よほどの理由がない限り「普段から意識して自分をコントロールしている」という人はほとんどいないでしょう。普通に生きていれば、お腹が減ればご飯を食べたくなるし、眠くなれば目を閉じてしまいます。私たちのほとんどは本能に従って生きており、意識的に自分自身をコントロールしている時間は限りなく少ないものです。

1年365日あったとして、無意識のまま生きている時間のほうが長いはずです。これが「レベル1」の10%未満しかコントロールしていない普通の人なわけですから、80%以上もコントロールするということがいかにすごいことかわかるかと思います。

プロフェッショナルの人であっても自分をコントロールすることは難しいわけですが、仮に「自分コントロール率20%」の「レベル3」までいくことができれば十分に「自分の人生を変える」ことができます。

たとえ短期間だけ自分コントロール率を頑張って80%にできたとしても、「ずっと続けなければならない」と思うと、燃え尽きてしまいます。急に無理なダイエットをして、その反動で本能のままにヤケ食いを起こしてリバウンドしてしまうようなものです。

ですから、短期間に「自分コントロール率80%」を目指すような無理をするのではなく、**ゆっくりと「自分コントロール率20%」を目指しましょう。**

そのほうがじっくりと成果を感じることができ、無理なく継続することができるはずです。

でも、自分との約束を20%守るだけで果たして本当に自分コントロール率は向上していくのか、そう不安に思った人もいるかと思います。

そこで、次に「複利の効果」についてお話をさせてください。

2 少しの努力でも「複利で雪だるま式に成長」する

あなたは「複利」という言葉を知っていますか？

一般的には、お金を銀行に預けた時の利回りの違いを「単利」と「複利」で比較して説明されることが多いかと思います。

単利とは利息を元本には組み入れず、元本部分に対してのみ利息がつくものです。元本部分は預けた当初の金額から増えることはありません。

一方で複利とは、預金から得られた利息を元本に再び組み入れて運用することで、さらに利息が利息を生んでくれるものです。

こうすることで利息が出る度に元本が増えていきます。

実はこの複利というものはお金だけでなく「成長」などにも寄与するのですが、数値で明示されることが少ないため、簡単には認識できません。そのため、複利という言葉や意味はわかるという人は多いと思いますが、実際に複利の効果を「自分の成長」という面で実感したことのある方は少ないのではないでしょうか。

お金を預けっぱなしにしていて、増えたお金にびっくりして複利の効果を実感する人はいるかもしれません。しかし、成長するために行った努力がどう寄与したのか、に関しては誰かが称賛してくれでもしない限り、自分でその成果を実感するのは大変難しいものです。

「成長も複利で増えていく」というイメージを「数値」に置き換えて感じてもらうことができれば、少しは自分に自信が持てるのではないかと考えました。

そこで、まずは複利の効果がわかりやすいようにお金を複利で運用した場合にどのように増えていくのかをシミュレーションしました（図①）。

図① 複利シミュレーション

Q：100万円を「年利」20%の複利で運用するとどれだけ増える？

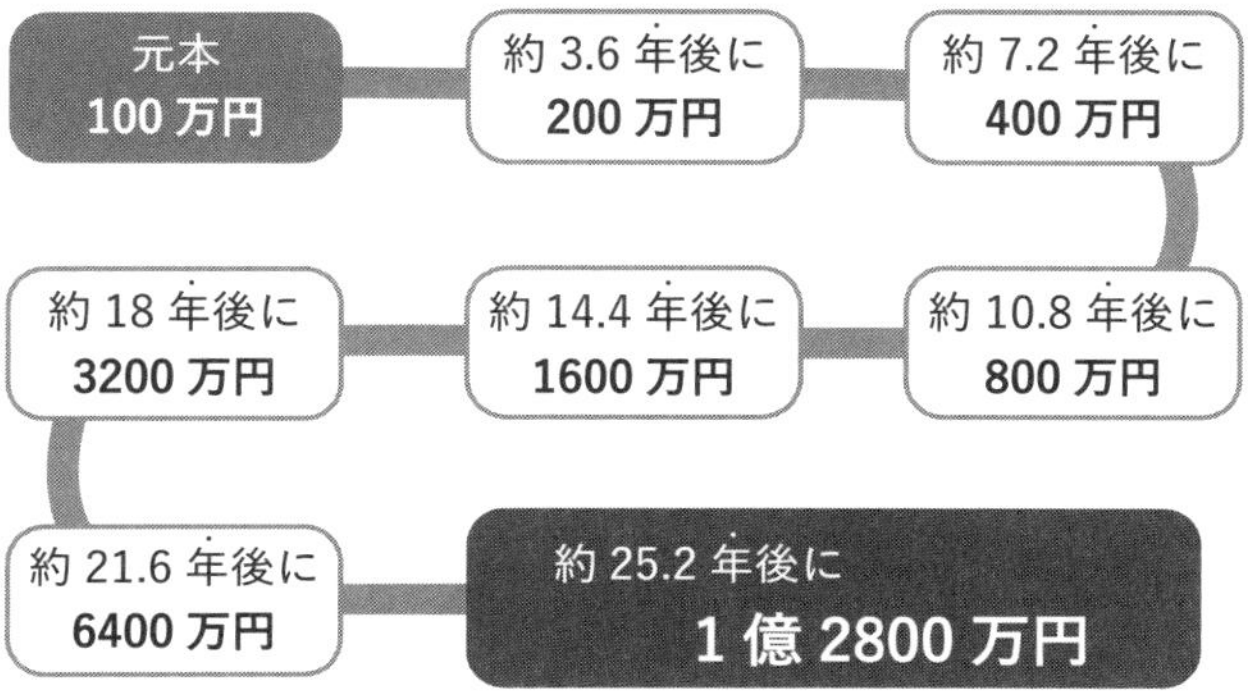

複利の計算は難しそうに感じますが、複利で運用して資産が倍になるのにどれくらいの時間がかかるのかを簡単に出せる法則が存在します。

それが「**72の法則**」です。

計算式で表すと図②のようになります。

このように72の法則を使うと簡単に「お金が2倍になる期間」が求められ、以後はその年数ごとに資産が倍になるということを教えてくれます。

先ほどの複利シミュレーションの例の場合は、100万円を年利20％で運用しているので「72の法則」を使うと、「約3.6年ごと」に資産が倍になります。

約25年後には最初の元本100万円が

図② 72の法則

72÷ 金利＝お金が 2 倍になる期間

年利 10％で運用した場合
▼
72÷10＝7.2「約 7.2 年ごと」にお金が倍になる

年利 20％で運用した場合
▼
72÷20＝3.6「約 3.6 年ごと」にお金が倍になる

年利 30％で運用した場合
▼
72÷30＝2.4「約 2.4 年ごと」にお金が倍になる

約1億2800万円になり、元本が100倍以上に増えることがわかります。複利の力はとんでもないですね。

お金の場合はそれ自体が元本ですが、成長に関しては「自分自身が元本」に相当します。仮に、私たちの成長にも複利が寄与しているのであるとすれば、先ほどの複利シミュレーションで増えたお金と同等のスピードで成長している可能性があります。

事実、私たちが学んだ知識や経験、鍛えた肉体などは確実に積み上がっていきます。同じように、「感情・思考・行動」のコントロール力に関しても確実に成長していきます。

もちろんこの通りの結果になるとは言い切れませんが、数値化してみることでおおよその自分の変化や成長をイメージすることはできるのではないでしょうか。

ただし、お金を運用することと、自分が成長することには1つ大きな違いがあります。それは「増える期間」の差です。お金を運用する世界では預けたお金が「年間」でいくら増えるか、と考えるのが一般的です。

当然、お金をただ預けているだけですから、すぐに増えるという感覚は皆さんも持っていないと思います。仮に「1ヶ月や2ヶ月で増えるよ」と言われたら何か怪しい投資かもしれない……と不安すら感じるはずです。

しかし、お金ではなくあなたの成長に関してはどうでしょうか？

お金をただ預けて運用するのと違い、実際に自分の時間やお金、能力も投下して運用する場合、成果の得られる期間が早まるのはイメージしやすいと思います。

例えば、英語を受動的に聞いて勉強している人と、自分から外国人を見つけて積極的に英語を話して覚えようとする人では、使っている時間や労力、お金に差があるため、同じ1ヶ月間でも両者の英語への理解や英会話力の成長に大きな差がつくはずです。

受動的に勉強している人が1年間かけてマスターしたことを、積極的に英語を話して覚えようとしている人はたった1ヶ月でマスターしてしまうかもしれません。

そこで年利ではなく、もし「月利」で成長したらどうなるのかということを考えてみましょう。

先ほどは「年利」でシミュレーションしましたが、「月利」で計算したらどうなるでしょうか？

先程の100万円の例だと図③のようになります。

当然ですが、このように増える期間が大幅に早まります。

「約3・6年」ごとではなく、「約3・6ヶ月」ごとに資産が倍増するようにあなたの成長も倍化するのだとすれば、1年経過した頃には約900万円＝「約9倍」もの自己成長が起きる可能性を秘めているのです。

そう考えると自分の成長の可能性は無限大だと思えてきませんか？

これらはもちろん「自分との約束を20％以上守る」ということを継続し続けられたらという条件付きではありますが。

事実、世の中の大金持ちになった人の多くは、相続ではなく「1代」でその資産を築き上げています。

そしてそのほとんどが最初は貧乏だったり、教育も義務教育ぐらいまでしか受けていなかったりとスタート地点は限りなく「1」に近い地点だったはずです。

図③ 複利シミュレーション

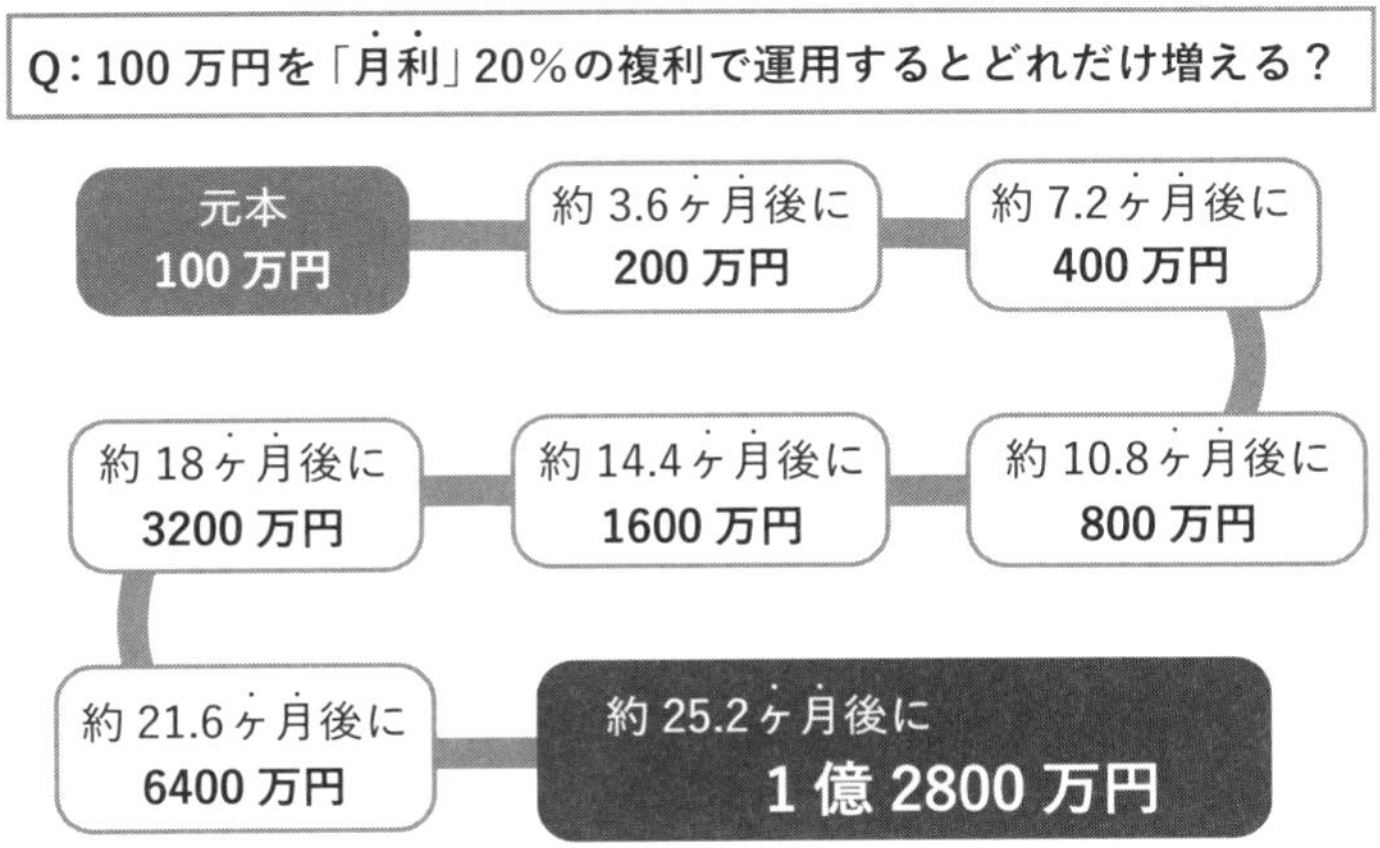

その成功のスピードは、まさに「複利」でしか説明がつきません。

このように自分をコントロールする力が高く、継続し続けている人はどんな投資や事業を行おうとも時間を味方につけ、いい結果を出せる人間になっていくのです。

自分コントロール率が高ければ高いほど「お金を持ち続けられる人」になるのは早くなります。 しかし、自分を厳しく律し続けることは非常に難しいものです。

「毎月、自分で決めた約束のうち20％は絶対に守る！」と意識的に行動することで1年後には9倍もの自己成長が起きている可能性があります。

着実に「自分コントロール率20％以上」を目指し、じっくりと成長していきましょう。

3

お金を持ち続けられる人になるための「最速の方程式」

ここまでお読みいただき本当にありがとうございました。

最初は簡単にお金を儲ける方法や手っ取り早く成功する内容を期待して本書を手に取った方もいらっしゃったかと思います。

ご安心ください。昔の私もそうでした。

いまだに手っ取り早い儲け話は大好きですし、この欲望は抑えられません。そして実際にそういった儲け話は存在します。ただあなたの元には話が来ていないだけなのです。

なぜならそういった儲け話はそれを処理できる人にしか集まらず、基本的にはお金持ちにしか出回らないからです。手っ取り早い儲け話は、人によって毒にもなります。リスクを取れない人が無理をして投資をし、破産することだってあるでしょう。

どんな取引や投資案件でも万人に合うものなどありません。

もし、誰もが成功する可能性があるとすれば「自分を資産化する」という行為だけです。自分を資産化することによって、あなた自身が「何かを生める人間」となり、取引や投資案件に左右されずに利益を生み出すことができるようになるでしょう。そうすれば、あなたは相場や商品のせいでお金に悩んだりすることもありません。

あなた自身が金の卵を産むニワトリになるわけなのですから。

投資の世界においては、誰しもが素晴らしい才能を持っているわけではありません。けれど、私が見てきた中で「お金を持ち続けられる人」になるだけであれば、これほどまでに再現性のある分野を他に知りません。

スポーツの世界で結果を出すのも、研究の分野で名を上げるのも非常に難しいことですが、お金持ちになることだけは誰にでも実現可能な唯一の分野といっても大袈裟ではないでしょう。主婦（夫）であっても、学生であっても、資産をコントロールする力やキャッシュフローを読む力などは誰でも習得することができるスキルです。

あとは、自分コントロール率を上げて投資を継続することができるかどうかだけです。投資するだけなら簡単ですが、それらを継続することは非常に難しいもの。たまたま投資がうまくいってしまったが故に、その後資産をすべてなくしてしまったという方も見てきました。成功する、お金持ちになるということを「たまたま」「ラッキー」で終わらせてしまうのは非常にもったいないことです。

あなたが「お金を持ち続けられる人」になりたいのであれば、今までに伝えてきたステップを1つずつ堅実に達成していってください。「お金を持ち続けられる人生」は誰にでも達成可能です。

これまでの話をまとめると、お金を持ち続けられる人になるための「最速の方程式」は「**明確な野望**（**50％**）＋**自分コントロール率20％以上**（**50％**）」です。

明確な野望を設定することはすぐにでも取り掛かることができるでしょう。これで50％

は達成します。

しかし、残りの50%である「自分のコントロール率を高めること」は時間がかかります。とはいえ、自分をコントロールするといっても「20%」以上自分との約束事を守ることさえできればよいのです。

それができればあなたの成長にも「複利効果」がもたらされ、お金を持ち続けられる人になっていきます。

自分コントロール率20%以上を達成するコツは「**成果を感じやすい小さな成功体験**」を**連続して積み上げること**です。そうすることで徐々に自信がつき、夢中で目の前のことに取り組んでいる自分に気づきます。過程を楽しむことができれば成功したも同然です。

「成果を感じやすい小さな成功体験」を達成するには、やはり「環境」を買ってしまうことが最も手っ取り早いといえます。

強制力のある「環境」を用意することで、自分との約束を守る確率は上がり、スピードは一気に速まります。

参考までに「成果を感じやすい小さな成功体験」の具体例をいくつかあげておきます。

① 毎月末しっかりと財務諸表をつける

毎月のお金の出入りや資産状況を把握することにより、今月支出を抑えられたか、収入は増やせたかなどの変化を数値で確認できるので成果を実感しやすいでしょう。体重計に乗るのと同じで、測定するだけで小さな成功体験を積めるため、手軽に大きな効果を得られます。

② 自分の24時間を把握して改善する

自分の24時間を何となく過ごしていても変化はありません。

少しでも「置き換えられそうな時間」を発見するだけで「改善できそうな可能性」を感じることができ、やる気が継続しやすいです。未来のために使えた時間をグラフ化したり、手帳に記録を残したりして改善できた時間が増えていく度にご褒美をセットするのも楽しく続けるコツです。メリハリが出るのでおすすめです。

③ 月に一度誰かとカフェなどでフィードバックをする

自分で自分の成果を評価することは難しいものです。自己肯定感が高い人、低い人もいます。そこで自分が頑張っていること、継続しているものを他人に話しましょう。

誰かに今月の結果を話さなければと思うだけでも効果的な環境を得られたことになります。またＦＰや会計士などの専門家をつけて伴走してもらうこともおすすめです。より強制力のある環境を手に入れたことになるはずです。

④ 良質なコミュニティーに参加する

もしも会計や投資などについて本格的に学ぼうとするなら信頼できるコミュニティーを探しましょう。「環境を買う」最もわかりやすい典型的なものですが、非常に効果的です。自分以外にも同じ志を持っている人がいる中で毎月報告会などをすることにより、１人でフィードバックする以上の効果が得られるはずです。

4 「心理学的ホメオスタシス（心理学的恒常性）」の効果

自分との約束を守り続けることができれば、それを破る人間には戻りたくない、という心理が働きます。

これは「**心理学的ホメオスタシス（心理学的恒常性）**」の効果が発動しているからです。

ホメオスタシスとは、あなたの脳の「変化を止めようとする働き」のことを言います。あなたの脳が最優先にしているのは、「今のままのあなたでいること」であり、**心理学的ホメオスタシスこそが「あなたの変化をジャマする最大の障害」**でもあるわけです。

しかし、この恒常性を乗り越えて今の新しいあなたがいるということは、その新しい今のあなたに対してこのホメオスタシス（恒常性）が発動されます。

つまり、一度心理的に乗り越えることができた今のあなたこそが最も居心地の良い状態だと認識されるので、前の自分に戻ることに強い抵抗を感じるのです。

早い人だと数ヶ月で心身に変化を感じるはずです。前の自分と変化した今の自分を比べ、今の自分がよいと心理的に感じていたら、いわゆるリバウンドは起きにくいでしょう。

リバウンドが起きる理由はホメオスタシス自体がまだ「過去の自分」に掛かっているからなのです。

一気に駆け抜けて「今の自分」にしかホメオスタシスが掛からないようにすればリバウンドは起きません。むしろ継続していない自分が嫌になっているはずです。

ただ、いくら継続する力を極めたとしても、自分に合った投資先を選定できなければ効果が薄いのではないか、と思う方もいるかもしれません。

さらに効果的に投資を行っていきたいという人にアドバイスをするとすれば、**『2年以内に成果が出るもの』**を中心に選択して投資を行ってください」と言うでしょう。

何度も言うようですが人は「飽きて」しまいます。コンサルティングをしてきた経験からすればほとんどの場合、何もしなければ人は2年以上同じことを継続することができません。

それを食い止める最も効果的な方法は、先ほども触れましたが「成果を感じやすい環境」に身を置くことです。

漕いでいるオールをさらに強く漕ぐ力が湧く時は、決まって陸（ゴール）が見える時です。

つまり、成果がわかりやすく見えるもの、感じ取れるものを取り入れることで「もう少し頑張ってみようかな」と考えるようになります。

ただし、何でもかんでも誰かにお任せの投資では積み上がるものも積み上がりません。投資する対象は何でも構いませんが、必ず自分の力で運用するものを選びましょう。

慣れてくれば誰かに任せても構いませんが、最初は必ずご自身で運用する経験をされることをおすすめします。不動産でもビジネスでも株式や為替のような金融商品でもあなたが好きな分野の投資先を選択してください。

お金を持ち続けられる人になっているあなたなら、どのような投資対象を選んでも必ず結果を出すことができるでしょう。完全に自分の好みで選択していいのです。

ただ、「2年以内に成果が出るもの」に絞って選定するというポイントは覚えておいてください。

そうはいってもまだ次のステップに進むのは不安だという方は、私の無料動画メルマガやYouTubeを参考にしてください。無料動画メルマガでは「2年以内に成果が出る仕組み」や「誰もが不労所得を得る方法」についても詳しく解説していますので、次のステップに進みたい人には必ず役立つと思います。

おわりに

お金を持ち続けられる人になる道は、あなたが「誰かのためではなく自分のために」働く人生の始まりでもあります。しかし、面白いことにそれらを達成し、お金に縛られない人生を送り始めるとあなたはきっと気づいてしまいます。「誰かのために生きたい」と。

人間というのは本当に不思議な生き物です。欲望に溺れるのも人間です。目の前の人を蹴落としてでも成功したいと思う反面、目の前の人を助けたいと思う感情を同居させているのも人間なのです。そんな矛盾している人間だからこそ面白い。

お金の問題を抱えているうちは自分のために生きて構いません。

そしてお金の問題が解決されれば、嫌でも誰かのために生きたいと本気で思える瞬間に出会えるでしょう。

偽善でもなく自分のためでもなく、見返りを求めずにただ日々に感謝して生きていける世界に身を置くことができる状態は「自己超越」と呼ばれ、全人類の「2%」程度しか達することができないといわれています。

これは晩年のマズローが「欲求5段階説」の5段階目である「自己実現欲求」の上に6番

目の「自己超越」があると発表したことで明らかになりました。

第6の人間の欲求まで実現できるのは極めて稀なケースだと報告されていますが、私はお金の問題を意識しなくなるにつれ、自然と人はそこに向かうのではないかと思います。

人生は長いようで短いものです。その短い人生をお金に振り回されてしまわないためにも、今この瞬間からお金の問題を解決するために行動しましょう。

この本が皆さんのお金の不安を軽減するのに一役買っていれば幸いです。

最後となりましたが、この本を出版するにあたり多くの方のご協力をいただきました。株式会社クロスメディア・マーケティングの中山さん、編集部の大沢さん、阿波さんには感謝しきれません。

そしていつも私を支えてくれている妻の綾さん、共に仕事をしている菜摘子さん、康之くん、YouTubeをご覧の皆さん、そして実践会やゲーム会にいつも参加してくださっているメンバーの方々にもこの場を借りてお礼申し上げます。

そして、この本を手に取ってくださったあなたにも改めて感謝申し上げます。

本書を読んでいただき本当にありがとうございました。

2021年某日　　園原　新矢

【著者略歴】

園原新矢（そのはら・しんや）

園原夫婦株式会社 取締役
金融商品取引業者（投資助言・代理業） 関東財務局長（金商）第3206号
宅地建物取引士、日本ファイナンシャル・プランナーズ協会正会員（AFP）、2級ファイナンシャル・プランニング技能士
16歳の時にお金持ちになりたいと決意し、投資やビジネスを手掛ける。19歳で投資に失敗し多額の負債を抱え自殺を考えるが、父親のひと言で思い留まり借金を返済すべく奔走し完済。
大学卒業後は証券会社に入社。3年でトップセールスマンになり、起業するという目標を立てる。2010年10月、25歳で妻と一緒に独立し、金融知識の啓蒙を行う会社「園原夫婦株式会社」を設立し、目標を達成。毎年1000人以上の受講者が北は北海道から南は沖縄まで、さらには海外からもセミナーに参加している。
現在は「ビジネス投資」「不動産投資」「ペーパーアセット投資」など、「不労所得」を得られる3つの分野のすべてを自身で行い「実践投資家」として躍進中。
また、20年以上の実体験で得られた成功体験を元に「年収400万円以上の方であれば2年6ヶ月で不労所得のある生活を送ることができる仕組み」を築き上げ、すべての人に不労所得のある生活を提供したいという思いから「投資実践会」という会員向けサービスを2015年より運営している。

お金《かね》を持《も》ち続《つづ》けられる人《ひと》になるための
「自分資産化計画《じぶんしさんかけいかく》」

2021年12月20日 初版発行
2024年 4月29日 第4刷発行

発行 **株式会社クロスメディア・パブリッシング**

発行者 小早川 幸一郎
〒151-0051 東京都渋谷区千駄ヶ谷4-20-3 東栄神宮外苑ビル
https://www.cm-publishing.co.jp
■本の内容に関するお問い合わせ先 …………………… TEL (03)5413-3140 ／ FAX (03)5413-3141

発売 **株式会社インプレス**

〒101-0051 東京都千代田区神田神保町一丁目105番地
■乱丁本・落丁本などのお問い合わせ先 ………………………………………… FAX (03)6837-5023
service@impress.co.jp
※古書店で購入されたものについてはお取り替えできません

カバーデザイン 城匡史
本文デザイン・DTP・図版 荒好見

印刷・製本 株式会社シナノ
ISBN 978-4-295-40537-5 C2033